从零开始学
跨境电商
运营实务与平台规则

邱云生 ◎ 编著

中国铁道出版社有限公司
CHINA RAILWAY PUBLISHING HOUSE CO., LTD.

图书在版编目（CIP）数据

从零开始学跨境电商运营实务与平台规则 / 邱云生编著. -- 北京：中国铁道出版社有限公司，2025.4.
ISBN 978-7-113-31821-5

Ⅰ．F713.365.1

中国国家版本馆 CIP 数据核字第 2024LD5398 号

书　　名：从零开始学跨境电商运营实务与平台规则

CONG LING KAISHI XUE KUAJING DIANSHANG YUNYING SHIWU YU PINGTAI GUIZE

作　　者：邱云生

责任编辑：张　丹	编辑部电话：（010）51873064	电子邮箱：232262382@qq.com

封面设计：宿　萌
责任校对：刘　畅
责任印制：赵星辰

出版发行：中国铁道出版社有限公司（100054，北京市西城区右安门西街 8 号）
网　　址：https://www.tdpress.com
印　　刷：北京联兴盛业印刷股份有限公司
版　　次：2025 年 4 月第 1 版　　2025 年 4 月第 1 次印刷
开　　本：710 mm×1 000 mm　1/16　印张：14　字数：195 千
书　　号：ISBN 978-7-113-31821-5
定　　价：69.80 元

版权所有　侵权必究

凡购买铁道版图书，如有印制质量问题，请与本社读者服务部联系调换。电话：（010）51873174
打击盗版举报电话：（010）63549461

前言

跨境电商是全球贸易的重要组成部分，随着跨境物流的完善、互联网的普及和国家政策的支持，跨境电商行业得到了快速发展。大数据、人工智能等技术的发展和应用，跨境电商综合试验区、海外仓等的建设也为跨境电商行业发展提供了推动力。从市场来看，我国跨境电商保持着向好发展势头，市场规模持续稳定扩大。

跨境电商的高速发展也为传统企业转型、开拓海外市场带来了机遇。与传统贸易相比，跨境电商是在电子商务平台上达成交易，贸易市场不局限于本地，可以扩大到全球。通过跨境出口，企业可以将产品销往海外市场，增强品牌知名度和认可度。

然而，机遇与挑战并存，海外市场销售面临着诸多门槛。与国内电商不同的是，跨境电商要根据海外市场需求变化来选品，这就要求商家对海外市场有充分的了解，这样才能有效打入海外市场。

产品销往海外需要经过长途运输，由于国际航运、海关等环节的复杂性，跨境电商往往要面临运输时效不确定、退换货难等问题。再加上跨境物流中需经过多个环节，导致运输成本比国内电商高，这要求商家熟悉跨境物流渠道，并选择合理的跨境运输方式。另外，跨境电商还涉及支付结算，各国各地区法律、语言不同等问题。

目前，主流的跨境电商平台都为入驻商家提供了一系列服务支持，包括安全的支付系统、成熟的物流体系和运营管理支持，同时还通过完善的平台规则来规范买卖双方的交易行为。这样一来就大大降低了跨境电商的经营成本和风险，运输、支付和交易等问题也可以得到很好地解决。

为了帮助跨境电商经营者快速熟悉各跨境电商平台的规则，掌握开店入驻、订单处理、营销推广、客户服务等运营实务，编写了本书。全书共7章，分为三部分。

- 第一部分为第1章，主要帮助读者从零开始认识跨境电商，介绍了跨境电商基础知识、传统企业如何转型跨境电商以及跨境电商新手常见的问题。

- 第二部分为第2~3章，从选品、物流、店铺经营和资金管理入手，详细介绍了跨境电商选品、跨境物流渠道、跨境支付方式、订单处理和客户服务等内容。

- 第三部分为第4~7章，主要对跨境电商平台规则和运营技巧进行详细说明，包括亚马逊、速卖通、Shopee、eBay、Wish和TikTok Shop六大主流跨境电商平台，涵盖平台规则、产品上架、营销推广和站内引流等运营实操。

本书内容注重实操性，在讲解过程中特别添加了实务范例，并利用丰富的表格和图示，帮助读者更好地理解理论知识，让读者在轻松有趣的阅读氛围中学习本书的知识。

最后，希望所有读者都能从本书中学到想学的知识，通过跨境电商平台运营实现销售额的稳步增长。由于跨境电商平台规则会不断变化，书中难免出现一些疏漏和不足之处，恳请读者不吝赐教。

编 者

2025年1月

目录

第 1 章　从 0 到 1 了解跨境电商

1.1 快速认识跨境电商 2

1.1.1 跨境电商与传统外贸有何不同 2
实务范例 行邮税率查询 3

1.1.2 跨境电商的几种类型 4

1.1.3 跨境电商的两种运营模式 6

1.1.4 跨境电商发展特点及未来趋势 8

1.2 做跨境电商前的基本认知 10

1.2.1 市场调查了解买家市场 10

1.2.2 跨境出口的流程 12

1.2.3 跨境电商常用的专业词汇 16

1.2.4 跨境电商运营的四大要素 17

1.2.5 跨境电商出口面临的风险 19

1.3 传统企业如何转型跨境电商 20

1.3.1 做跨境电商需要哪些条件 20

1.3.2　五个步骤从零起步做跨境电商 21

1.3.3　如何正确转型跨境电商 23

1.4　跨境电商常见问题的解决 25

1.4.1　如何搭建高效的跨境电商团队 25

实务范例 跨境电商岗位绩效考核 27

1.4.2　不懂外语能不能从事跨境电商 28

1.4.3　无货源情况下能做跨境电商吗 30

实务范例 警惕跨境电商无货源模式骗局 31

第 2 章　做好选品和物流打开海外市场

2.1　选品是跨境电商经营的核心 34

2.1.1　选品前需要考虑的六大因素 34

2.1.2　热销榜单找到热门潜力类目 36

实务范例 亚马逊 Best Sellers 选品 36

2.1.3　新品热卖排行榜选热点产品 38

实务范例 New Releases 榜单找到销量上升快的新品 39

2.1.4　利用关键词工具选品 40

实务范例 卖家精灵关键词选品 41

2.1.5　通过竞争对手挖掘热销产品 44

实务范例 亚马逊平台竞争对手选品策略 45

2.1.6　借助运营工具选品 47

实务范例 Jungle Scout 选品数据库锁定爆款 48

2.2　跨境电商物流渠道的选择 51

2.2.1　如何选择合适的物流 51

2.2.2　国际邮政包裹运输 53

> **实务范例** 查询邮政国际物流费用 55
  2.2.3 国际商业快递运输 56
    实务范例 获取 DHL 物流报价 56
  2.2.4 跨境专线运输物流 59
  2.2.5 海外仓储模式运输 60

2.3 产品快速通关知多少 61
  2.3.1 办理跨境电子商务企业备案 62
  2.3.2 海外仓企业登记申报 63
    实务范例 在线进行海外仓企业信息登记 63
  2.3.3 了解不同国家海关政策要求 65
  2.3.4 跨境电商出口退税应具备的条件 66
  2.3.5 涉税风险及防范策略 70
  2.3.6 遇到海关查验与扣货怎么办 71

第 3 章 电商运营，聚焦经营和资金管理

3.1 跨境电商支付方式 74
  3.1.1 PayPal，适用零售行业支付方式 74
  3.1.2 信用卡，安全快捷的付款方式 77
  3.1.3 国际支付宝，海外结算收付工具 78
  3.1.4 跨境电商其他支付方式 79

3.2 备货与库存盘活资金链 80
  3.2.1 建立销售端和采购端联动机制 81
  3.2.2 合理备货有效防范产品积压 82

3.2.3 安全库存量的设置 84
3.2.4 库存管理中的补货策略 88
3.2.5 巧清库存避免影响现金流 90

3.3 提升订单发货处理效率 93
3.3.1 订单的处理和发货 93
3.3.2 订单发货要注意的细节 95
3.3.3 订单处理常见问题的解决 96

3.4 跨境电商客户服务技巧 99
3.4.1 跨境电商客服需要具备的技能 99
3.4.2 商品咨询的回复技巧 100
实务范例 售前服务回复方式 100
3.4.3 售前客服促进成交的技巧 102
3.4.4 如何处理售后服务事宜 104
实务范例 速卖通自运营商家纠纷处理规则 104

第 4 章 亚马逊平台规则与运营实务

4.1 如何在亚马逊注册开店 108
4.1.1 亚马逊新手卖家开店注册 108
实务范例 注册亚马逊北美站点 109
4.1.2 店铺开店注册资料准备 114
4.1.3 亚马逊开店的收费明细 116

4.2 亚马逊平台规则详细介绍 118
4.2.1 亚马逊卖家行为准则 118

4.2.2　商品禁售及限制政策 120

　　4.2.3　知识产权政策和规则 122

　　4.2.4　商品防伪政策条款 125

　　4.2.5　买家商品评论政策 126

4.3　产品上架与运营推广 127

　　4.3.1　亚马逊产品快速上架指南 128

　　　　实务范例 创建新商品信息 128

　　4.3.2　新品上架编号和关键词的使用 130

　　4.3.3　高质量商品图片推动产品销售 132

　　4.3.4　产品推广与转化策略 134

4.4　店铺 Listing 运营优化 137

　　4.4.1　从哪些方面做 Listing 优化 137

　　4.4.2　商品标题的撰写要点和技巧 140

　　4.4.3　做好五点描述提高转化率 141

第 5 章　速卖通平台规则与运营实务

5.1　速卖通平台新手指南 144

　　5.1.1　入驻需要的材料和资质 144

　　　　实务范例 注册速卖通商家账号 144

　　5.1.2　速卖通店铺类型及相关要求 146

　　5.1.3　速卖通开店常见问题解答 147

5.2　速卖通平台重要规则 148

　　5.2.1　了解卖家基础规则 148

v

5.2.2 遵守商品类目发布规范 149

5.2.3 熟知知识产权规则避免违规 150

5.2.4 速卖通产品交易规则 151

5.2.5 卖家要知道的营销规则 153

5.2.6 速卖通评价管理规则 154

5.2.7 商品无忧退货保障规则 155

5.3 店铺运营打造"爆款"产品 156

5.3.1 店铺视觉形象营销设计 156

实务范例 手表店铺装修设计 158

5.3.2 设计高点击率的产品图片 161

5.3.3 有效的店铺活动促进成交 163

5.3.4 做好商品发布提升曝光转化 165

实务范例 查询商品类目 165

5.4 速卖通站内运营策略 167

5.4.1 速卖通有效选品的方法 167

5.4.2 搜索优化提高自然排名 170

5.4.3 直通车营销精准定位海外买家 173

第 6 章 Shopee 平台规则与运营实务

6.1 认识 Shopee 平台 176

6.1.1 Shopee 对跨境卖家的支持 176

6.1.2 Shopee 卖家注册和入驻 177

实务范例 线上创建 Shopee 卖家主账号 178

6.2 Shopee 平台必知的规则 179

6.2.1 不同站点禁限售商品规则 179
6.2.2 店铺商品上架规则 181
6.2.3 卖家计分系统罚分规则 182

6.3 Shopee 新手运营要点 184

6.3.1 Shopee 站点该如何选择 184
6.3.2 商品编辑如何提高转化率 186
6.3.3 如何为店铺商品定价 187
实务范例 定价模拟器预估商品价格 188

6.4 Shopee 进阶运营指南 189

6.4.1 站内流量的提升方法 189
6.4.2 Shopee 直播聚集买家提升销量 191
6.4.3 品牌店铺提高买家信任度 193

第 7 章 其他跨境电商平台规则与运营

7.1 eBay：线上零售购物平台 196

7.1.1 eBay 卖家账号注册 196
实务范例 创建 eBay 账号 196
7.1.2 eBay 平台运营需遵守的规则 197
7.1.3 eBay 整体运营思路 199

7.2 Wish：移动端的跨境电商平台 201

7.2.1 如何在 Wish 上开店入驻 201
实务范例 在 Wish 商户平台填写公司信息 201

7.2.2 Wish 平台的重要规则解析 202

7.2.3 提高产品销量的运营策略 204

7.3 TikTok Shop：创新型电商平台 206

7.3.1 入驻 TikTok 电商的条件 206

实务范例 注册成为 TikTok Shop 跨境卖家 207

7.3.2 TikTok 平台开店规则 209

7.3.3 做好运营提升店铺带货量 210

第1章
从0到1了解跨境电商

随着经济全球化和海外消费者消费习惯的转变，跨境电商已成为国际贸易发展的重要趋势，而多项支持性政策的持续落地和信息技术的应用也推动了我国跨境出口电商市场的进一步发展。作为一种外贸新业态，中小企业和商家要参与跨境电商贸易，首先要了解跨境电商。

1.1　快速认识跨境电商

跨境电商全称为跨境电子商务，是利用电子商务，并通过跨境物流在不同国家和地区之间实现交易的一种国际贸易模式。跨境电商的兴起离不开互联网的发展和数字基础设施的建设。从进出口的方向来看，跨境电商可分为跨境出口和跨境进口。

1.1.1　跨境电商与传统外贸有何不同

跨境电商将传统的销售和购物渠道转移到了互联网上，那么它与传统外贸的区别，见表1-1。

表1-1　跨境电商与传统外贸的区别

项目	传统外贸	跨境电商
交易模式	主要利用电话和邮件进行贸易沟通，有时还需要面对面沟通，支付结算采用传统的银行转账模式，不会经过第三方支付平台	交易方式依托于电子商务平台，会利用平台提供的工具进行沟通，能减少线下沟通的时间成本，支付结算也在平台上完成，会有第三方支付平台的介入
交易主体	多为制造商	多为销售商
交易形式	主要是批发形式，大批量交易	批发或零售方式，B2C模式下以网络零售业为主
货物特点	品种较少，货物批量较大、批次较少，备货周期一般较长，贸易的周期也较长	品种多，货物批量较少、批次多，贸易的周期一般较短
物流运输	多采用海运集装箱，货物多，运输速度相对较慢	多采用国际邮政包裹、国际快递、跨境专线和海外仓模式
资金流转	在货物送达客户手中前需要垫付一定的资金，由于运输周期长，回款周期也较长	客户需要在平台上先付款购买，由于运输时效短，回款速度也较快，资金流转速度更快
流程环节	更复杂，包括磋商、签订外贸合同、报关、结汇、核销和退税等	相对简单，包括入驻平台、商品上架、出单、发货等
市场渠道	展会、行业网站和社交媒体等	跨境电商平台、独立站

续上表

区别	传统外贸	跨境电商
目标市场	大型进出口商、批发商和代理商等	企业客户和一般消费者
税收种类	由于交易规模较大，税收处理相对更复杂，涉及关税、增值税和消费税等	税收处理相对简单，一般只包含行邮税

表1-1中的行邮税是指行李和邮递物品进口税，企业或商家可进入海关总署官网查询行邮税率。

实务范例 行邮税率查询

进入"中华人民共和国海关总署"官网首页，选择"互联网+海关"选项卡，先在"我要查"选项区域中单击"查看更多"按钮，再在打开的"我要查"页面中选择"行邮税率查询"选项，如图1-1所示。

图1-1 行邮税率查询

在打开的页面中输入商品名称、验证码，单击"查询"按钮查询行邮税率，如图1-2所示。

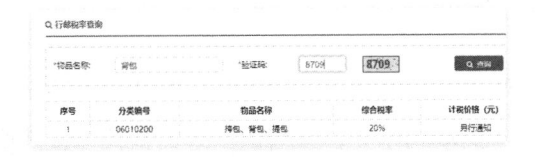

图1-2 查询行邮税率

1.1.2 跨境电商的几种类型

跨境电商按照交易对象的不同，可分为 B2B、B2C 和 C2C 等类型，这三种类型介绍如下：

（1）跨境电商 B2B

跨境电商 B2B（business to business）是指企业通过跨境物流将货物运送至境外企业或海外仓，并通过跨境电商平台完成交易的贸易形式。从上述概念可以看出，跨境电商 B2B 出口包括两种模式，如图 1-3 所示。

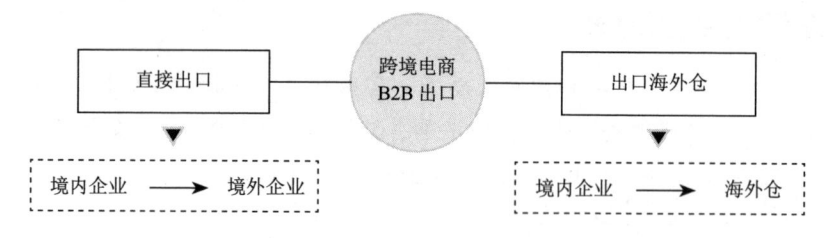

图 1-3 跨境电商 B2B 出口的两种模式

其中，跨境电子商务企业对企业直接出口，简称"跨境电商 B2B 直接出口"；跨境电子商务出口海外仓，简称"跨境电商出口海外仓"。

直接出口模式下，境内企业通过跨境电商平台与境外企业达成交易，然后通过跨境物流将货物直接出口至境外企业；出口海外仓模式下，境内企业先将货物通过跨境物流出口至海外仓，通过跨境电商平台达成交易后从海外仓送达境外购买者所在地。

这两种跨境电商出口方式的海关监管方式代码有所不同，跨境电商 B2B 直接出口采用"9710"监管方式申报；跨境电商出口海外仓采用"9810"监管方式申报。

需要注意，跨境电商企业、跨境电商平台企业、物流企业等参与跨境电商 B2B 出口业务的境内企业，应当依据海关报关单位注册登记管理有关规定，向所在地海关办理注册登记。开展出口海外仓业务的跨境电商企业，还应当在海关开展出口海外仓业务模式备案。

> **知识扩展** 什么是海关监管方式代码
>
> 海关监管方式代码是海关针对不同的进出口方式，为满足管理需求而划分的分类代码，用来区分不同的申报手续。在跨境电商监管方式出来以前，我国跨境卖家只能通过一般贸易（0110）申报。为促进跨境电商健康、快速发展，我国海关增列了针对跨境电商的监管方式代码，在通关申报上，比一般贸易更简单、更快速，也降低了通关成本。

（2）跨境电商 B2C

跨境电商 B2C（business to customer）是指企业直接面向境外消费者开展在线销售产品和服务，即商家和消费者之间的电商交易。在 B2C 模式下，以销售个人消费品为主，针对跨境电商 B2C 模式，有 9610 和 1210 两种海关监管方式。

其中，9610 是指跨境贸易电子商务，简称电子商务；1210 是指保税跨境贸易电子商务，简称保税电商。具体内容如下：

- "9610"监管方式代码：适用于境内个人或电子商务企业通过电子商务交易平台实现交易，并采用"清单核放、汇总申报"模式办理通关手续的电子商务零售进出口商品（通过海关特殊监管区域或保税监管场所一线的电子商务零售进出口商品除外）。
- "1210"监管方式代码：适用于境内个人或电子商务企业在经海关认可的电子商务平台实现跨境交易，并通过海关特殊监管区域或保税监管场所进出的电子商务零售进出境商品[海关特殊监管区域、保税监管场所与境内区外（场所外）之间通过电子商务平台交易的零售进出口商品不适用该监管方式]。

以"9610"海关监管方式开展电子商务零售进出口业务的电子商务企业、监管场所经营企业、支付企业和物流企业应当按照规定向海关备案，并通过电子商务通关服务平台实时向电子商务通关管理平台传送交易、支付、仓储和物流等数据。

以"1210"海关监管方式开展跨境贸易电子商务零售进出口业务的电子商务企业、海关特殊监管区域或保税监管场所内跨境贸易电子商务经营企业、支付企业和物流企业应当按照规定向海关备案，并通过电子商务平台实时传送交易、支付、仓储和物流等数据。

从 B2B 和 B2C 两种模式来看，其所针对的客户群体是不同的。B2C 模式大大提高了商家 / 企业和消费者之间的交易效率，这种交易方式主要借助互联网跨境平台开展商品销售，知名的平台有亚马逊、速卖通、Wish 和 eBay 等。

（3）跨境电商 C2C

跨境电商 C2C（consumer to consumer）是指个人卖家与个人买家之间的电子商务。C2C 类似于买手代购模式，这种模式的优势在于个人卖家可以根据买家的个性化需求点对点采购商品，库存压力小，商品品类更丰富。但 C2C 模式也存在一定的问题，由于卖家是"个人化"角色，因此对其诚信度要求较高，无法百分百保证产品真假，商品售后也可能难以得到保障。

从行业来看，跨境电商 B2C 是主流形式，相比 C2C 模式，交易方式更加规范化、标准化和流程化。

1.1.3 跨境电商的两种运营模式

要实现跨境电商交易需要依托跨境电商平台，按运营模式来分，可分为第三方平台和自营平台。

亚马逊、eBay、速卖通等都属于第三方跨境电商平台，卖家可以借助平台搭建店铺，并实现商品跨境交易。第三方跨境电商平台具有以下优势：

自带流量：经过长期的运营，很多第三方跨境电商平台已经有了足够的知名度和庞大的用户群，消费者对平台的认可度普遍较高，平台自带流量。

容易上手：主流的第三方跨境电商平台有着成熟的运营模式，完善的交易规则和后台工具，卖家入驻后很容易就能上手操作，进行店铺的经营管理。

节省成本：相比自建平台，入驻第三方跨境电商平台可以节省网站建设、维护等费用。

交易安全：跨境交易对支付、物流和售后服务的要求较高，而知名的第三方跨境电商平台的支付体系、物流体系和售后体系都很完善，在交易中若遇到问题，可以反馈平台，交易的安全性更能得到保障。

跨境电商自营平台即自行搭建网站并运营，也就是人们常说的跨境电商独立站。对于企业或商家来说，自建自营平台具有如下优势：

运营自主：相比入驻第三方跨境电商平台，独立站由于拥有独立的网站、域名和后台，可以打破第三方平台规则的约束，店铺运营更自主。

私域流量：独立站中获取到的流量都是私域流量，企业可以将客户资源牢牢掌握在自己手中。

塑造品牌：商家或企业可以根据品牌需求自主设计域名、网站主页、产品详情页等，品牌形象更加立体，也便于与竞争对手形成差异，有助于塑造品牌形象，提升品牌认知度。

促进转化：独立站可以帮助企业获取客户的信息，通过分析用户数据，可以更精准地了解客户的需求，从而开展有针对性的营销活动，提供一对一服务，这有助于增强用户黏性，实现多次复购和提升转化。

相比入驻第三方平台，搭建自营平台，网站运营和维护的难度较大。

此外，引流也是独立站运营的一大难点。自建平台和搭建自营平台并不冲突，企业和商家可以根据自身情况选择合适的运营模式，或者采用平台自营＋第三方入驻结合的方式，实现资源的整合。

1.1.4　跨境电商发展特点及未来趋势

近年来，国家出台了一系列支持跨境电商发展的政策，海外客户的消费习惯也由线下门店逐渐转向线上平台，这给跨境电商的迅速发展带来了有利条件。从跨境电商的发展历程来看，其从无到有经历了四个阶段，每个阶段有其各自的特点。图1-4为跨境电商发展历程和特点。

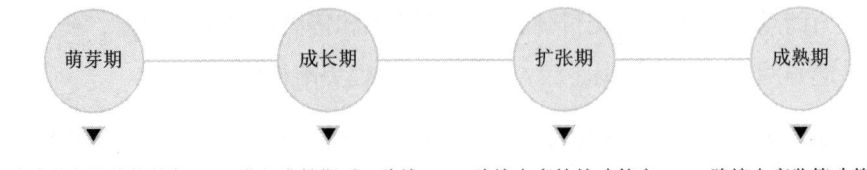

萌芽期	成长期	扩张期	成熟期
跨境电商从传统外贸萌芽，在起步阶段，主要通过线上发布供需信息，双方在线下协商完成交易。在萌芽期，由于渠道受限，以B2B模式为主	进入成长期后，跨境电商平台开始逐步实现线上交易，平台开始提供交易、支付、客服等供应链服务。跨境出口B2C模式也继B2B之后迅速兴起	跨境电商扶持政策密集出台，跨境电商渠道快速拓展，亚马逊、Wish等平台也进入我国市场，跨境电商交易规模也持续高速增长，大量卖家入驻第三方平台	跨境电商监管政策不断完善，运营渠道更加多元化，精细化运营开始得到重视。第三方平台政策趋严，独立站模式逐渐成熟，一些新的创新模式也在出现，如直播电商

图1-4　跨境电商发展历程和特点

跨境电商业务的发展能够带动国内外产品的交换、流通和再生产，从出口业务来看，跨境电商出口以大型平台类为主。

从现状来看，我国跨境电商发展态势良好，《2023年度中国跨境电商市场数据报告》显示，2023年中国跨境电商市场规模达16.85万亿元，较2022年的15.7万亿元同比增长7.32%。从进出口规模来看，2023年中国跨境电商出口市场规模达13.24万亿元，跨境电商进口市场规模达3.61万亿元，

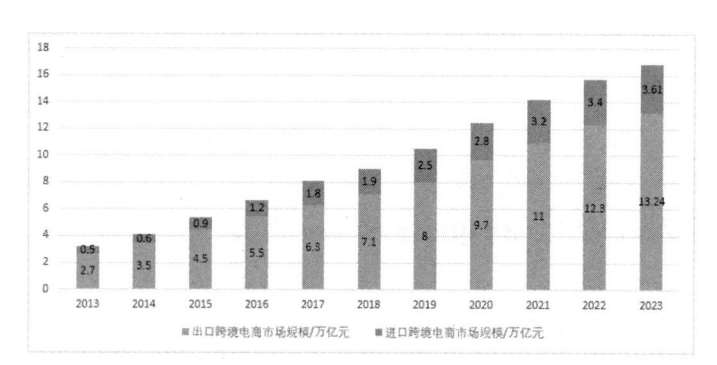

都较2022年有增长，图1-5为2013—2023年我国跨境电商进出口市场规模。

图1-5　2013—2023年我国跨境电商进出口市场规模

目前，我国从事跨境电商贸易的企业还在持续增加，对于想要参与跨境电商贸易的商家和企业来说，有必要了解跨境电商未来的趋势。整体来看，跨境电商行业有以下发展趋势：

①市场参与者不断增多，头部或中部外贸企业的市场占有率或进一步提升。

②第三方平台模式较为成熟，知名平台仍占主导，一些新兴平台正在崛起，也吸引了不少卖家加入，独立站逐步兴起。

③出口跨境电商贸易市场趋向多元化，产品品类和销售市场更加多元，卖家也更注重多元化布局，如多平台开店或自建独立站，以分散风险。

④跨境电商平台运营趋于合规，产业生态更加完善，部分平台流量红利见顶，跨境卖家正在寻找新平台和新市场，如发展东南亚和中东等新兴市场，从交易渠道和营销来看，移动端成为跨境电商发展的重要推动力，社媒营销、直播营销愈加受到重视，云计算、人工智能等正逐渐渗透跨境电商各个环节。

⑤大量跨境卖家开始考虑品牌化运营之路，特别是大型外贸企业，更注重品牌力塑造和精细化运营。

总体来看，我国跨境电商卖家的经营整体呈现出多平台布局的趋势，不少卖家正逐步转型为独立站＋电商平台的双轨制运营模式。在大数据时代，多渠道精细化经营有助于降本增效，而品牌化有助于提升核心竞争力。

1.2 做跨境电商前的基本认知

跨境电商在国际贸易中扮演着越来越重要的角色，参与跨境电商既是机遇，也是一项挑战。卖家在选择做跨境电商之前，需对跨境电商有基本的认知，这样才能走得更顺畅。

1.2.1 市场调查了解买家市场

市场的选择对于跨境电商卖家来说极为重要，目前，很多第三方跨境电商平台都提供了不同的市场供卖家选择，以亚马逊为例，其开放了多个海外站点供中国卖家选择，如北美站（美国站、加拿大站、墨西哥站），欧洲站（英国站、法国站、德国站、意大利站、西班牙站、荷兰站、瑞典站、波兰站、比利时站），日本站，澳大利亚站，新加坡站，中东站（阿联酋站、沙特站），印度站。

在开拓海外市场前，需要选定目标站点，并对目标市场进行调查，以了解市场现状，这会影响后期的整体运营。那么如何进行海外市场调查呢？可通过以下途径进行：

（1）市场报告

可通过市场报告了解海外市场规模和发展潜力，这些报告通常会对行业特征、市场供需现状、市场规模与增长率、行业竞争格局等进行分析和预测，能为跨境卖家选择市场提供重要数据。图1-6为2022年不同国家时尚服装行业的搜索流量，从流量份额来看，美国是主要消费市场，从同比增长来看，印度市场比较突出，具有较大潜力，这能为服饰类跨境电商卖家选择市场提供参考。

Country	Traffic Share 2022	Visits 2022	Traffic growth YoY	Inflation YoY
United States	25.10%	16.0B	9.19%	8.41%
Japan	7.84%	5.0B	-4.34%	4.00%
United Kingdom	7.65%	4.9B	-8.26%	10.05%
Germany	4.86%	3.1B	-0.05%	8.70%
India	4.61%	2.9B	17.11%	5.90%
France	4.28%	2.7B	-69.0%	6.50%
Poland	4.03%	2.6B	6.25%	17.20%
Spain	3.18%	2.0B	1.81%	5.59%
Brazil	3.18%	2.0B	5.78%	5.77%
Turkey	2.67%	1.7B	-0.10%	57.68%

图1-6　2022年时尚服装行业不同国家的搜索流量

（2）境外零售网站

境外零售网站是了解买家市场比较好的途径，跨境卖家可了解不同品类产品在境外零售网站的销量情况，以判断自身产品在境外是否有市场。图1-7为Target（塔吉特公司）网站首页，Target是美国的一家百货零售商，从其网站中可以了解当地产品的市场价格、买家消费喜好和热卖产品等。

图1-7　Target网站首页

（3）境外考察

有条件的卖家可去境外考察，了解当地的习惯、文化以及消费者喜好等，同时可以和境外的朋友交流，以进一步了解自身产品是否符合境外市场需求。

（4）数据调研

根据调查目标选择合适的市场调查方法，如网络调查、问卷调查、实地调查和电子邮件调查等，将收集到的数据进行分析，从而得出有价值的信息。在做市场调研时，可从目标人群、市场规模、市场需求量、市场上同类产品价格和消费习惯等方面做调查，再结合数据分析结果来寻找合适的目标市场。

对跨境卖家来说，前期做好市场调研工作，可以降低投放成本和试错成本。从跨境电商的主要市场来看，可分为发达国家市场和发展中国家市场两大类别，这两大市场的主要特点见表1-2。

表1-2　发达国家市场和发展中国家市场特点

市场	特点
发达国家市场	代表地区有北美、西欧等，代表国家有澳大利亚、日本和韩国，网络渗透率高，在线购物习惯成熟，网购消费人口多，物流、支付等电商配套完善，市场容量大，消费能力强，竞争较为激烈
发展中国家市场	代表地区有东南亚、中东等，代表国家有印度，移动互联网渗透率增长迅猛，市场增长潜力大，竞争相对较弱，政策法规多变

发达国家市场消费者的购买能力较强，但不是所有品类的商品都适合在发达国家市场销售，跨境卖家在选择目标市场时，还需结合当地的社会经济发展程度、消费习惯、文化、地理位置、物流条件和政策等来选择。

1.2.2　跨境出口的流程

相比国内贸易，跨境出口的流程更为繁杂，具体可分为四个步骤，包括登记申报、准备材料、货物查验和货物放行。

（1）登记申报

在我国，跨境电子商务企业、消费者（订购人）通过跨境电子商务交易平台实现零售进出口商品交易，并根据海关要求传输相关交易电子数据的，要按照《海关总署关于跨境电子商务零售进出口商品有关监管事宜的公告》接受海关监管。

跨境电子商务企业、物流企业等参与跨境电子商务零售出口业务的企业，应当向所在地海关办理信息登记；如需办理报关业务，向所在地海关办理注册登记。

> **知识扩展** 跨境电子商务企业和物流企业
>
> 跨境电子商务企业是指自境外向境内消费者销售跨境电子商务零售进口商品的境外注册企业（不包括在海关特殊监管区域或保税物流中心内注册的企业），或者境内向境外消费者销售跨境电子商务零售出口商品的企业，为商品的货权所有人。
>
> 物流企业是指在境内办理工商登记，接受跨境电子商务平台企业、跨境电子商务企业或其代理人委托为其提供跨境电子商务零售进出口物流服务的企业。

在通关管理方面，跨境电子商务零售出口商品申报前，跨境电子商务企业或其代理人、物流企业应当向海关传输电子信息，并对数据真实性承担相应法律责任。跨境电子商务零售商品出口时，应根据自身业务特点，按相应方式办理报关手续：

①跨境电子商务零售商品出口时，采取"清单核放、汇总申报"方式办理报关手续。

②跨境电子商务综合试验区内符合条件的跨境电子商务零售商品出口，可采取"清单核放、汇总统计"方式办理报关手续。

（2）准备相关材料

在办理报关时，要准备好相关材料和单证，包括"中华人民共和国海关跨境电子商务零售进出口商品申报清单"（以下简称"申报清单"）、交易、收付款和物流等电子信息。

"申报清单"与"中华人民共和国海关进（出）口货物报关单"具有同等法律效力。

跨境电子商务零售商品出口后，跨境电子商务企业或其代理人应当于每月15日前（当月15日是法定节假日或者法定休息日的，顺延至其后的第一个工作日），将上月结关的"申报清单"依据清单表头同一收发货人、同一运输方式、同一生产销售单位、同一运抵国、同一出境关别，以及清单表体同一最终目的国、同一10位海关商品编码、同一币制的规则进行归并，汇总形成"中华人民共和国海关出口货物报关单"向海关申报。

允许以"清单核放、汇总统计"方式办理报关手续的，不再汇总形成"中华人民共和国海关出口货物报关单"。表1-3为出口业务单证责任主体。

表1-3 出口业务单证责任主体

序号	业务单证	责任主体	数字签名
1	出口清单	电商企业或其代理人	是
2	电子订单	电商企业或电商平台	是
3	收款单	电商企业	是
4	运单	物流企业	是
5	运抵单	海关监管作业场所经营企业	是
6	离境单	物流企业	是
7	清单总分单	电商企业或其代理人	是
8	撤销申请单	电商企业或其代理人	是
9	汇总申请单	电商企业或其代理人	是

（3）货物查验

海关实施查验时，跨境电子商务企业或其代理人、跨境电子商务监管作业场所经营人、仓储企业应当按照有关规定提供便利，配合海关查验。

海关查验主要分为两种：一是彻底查验；二是抽查。海关会根据实际情况来选择查验方式。

（4）货物放行

在海关监管过程中，结关放行是最后一个环节。在该环节，海关可能会对出口货物的通关程序、随附单据、监管货物的备案等进行再次审核。货物顺利通关后就能向目的港驶去。

从跨境电子商务业务流程来看，会涉及消费者、企业和海关三方，图1-8为跨境电子商务监管业务流程。

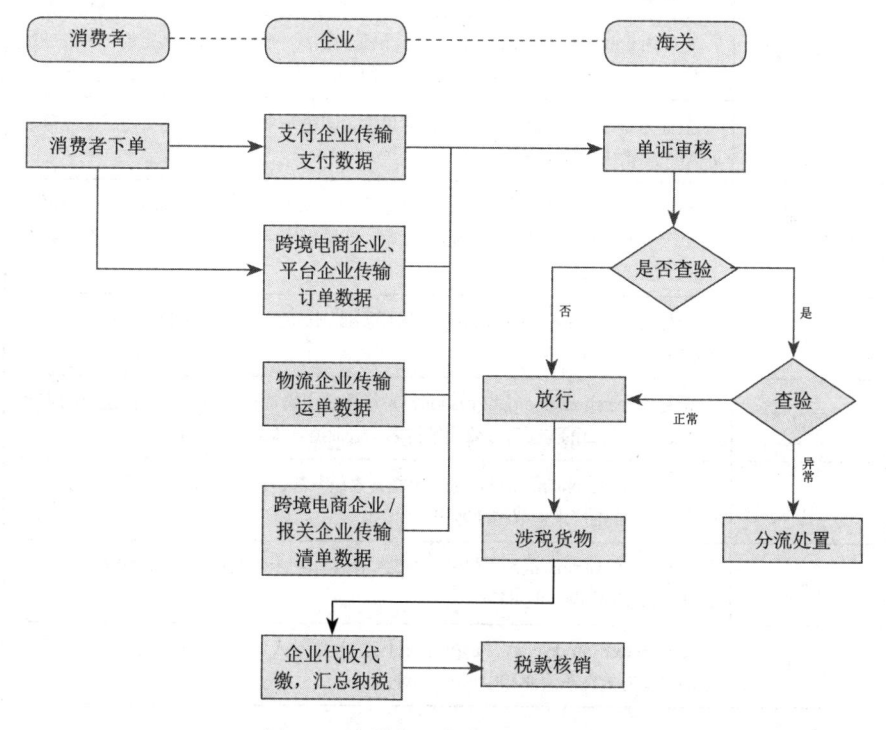

图1-8 跨境电子商务监管业务流程

1.2.3 跨境电商常用的专业词汇

进入跨境电商行业后，会接触很多专业词汇，这些专业词汇代表的是什么意思呢？表1-4为跨境电商平台常见的一些专业词汇。

表1-4 跨境电商平台常见专业词汇

词汇	含义
FBA	全称为fulfillment by amazon，是亚马逊平台提供的物流服务，卖家将货物发到亚马逊仓库，由亚马逊进行配送
产品Listing	亚马逊平台上产品的详情页面，用于展示产品详细信息
SKU	全称为stock keeping unit，是指库存进出计量的单位，不同行业、公司对SKU的定义不同，在电商领域，一般表示货品属性，包括品牌、规格、颜色和款式等，便于电商品牌识别商品
SPU	全称为standard product unit，是指标准化产品单元，通俗来讲，属性值、特性相同的商品可以称为一个SPU
UPC代码	全称为universal product code，UPC码是美国统一代码委员会制定的一种商品用条码，主要用于美国和加拿大地区，在亚马逊上传产品时，最常使用的是UPC
AOV	全称为average order value，是指客单价，即每一个顾客平均购买商品的金额，AOV=总销售金额/订单数量
Bounce Rate	指跳出率，在做网站数据分析时经常会使用跳出率作为衡量指标，表示只浏览了单个页面的访问量占总访问量的比率，即跳出率=访问一个页面后离开网站的次数/总访问次数。
PV	全称为page view，是指访问量，即网站被浏览的总次数，是数据分析常用的指标之一
SEO	全称为search engine optimization，是指搜索引擎优化，SEO是电商运营的重要工作之一，其目的是提升搜索引擎排名，进而提升流量和转化率
SEM	全称为search engine marketing，是指搜索引擎营销，在跨境电商运营中，有时需要利用SEM推广来获取精准客户
CR	全称为conversion rate，是指转化率，指访问某一网站的访客中，购买下单转化的访客占全部访客的比例
COD	全称为cash on delivery，是指货到付款，也就是人们常说的一手交钱一手交货，这种付款方式在东南亚和中东很受欢迎

续上表

词汇	含义
UV	全称为 unique visiter，是指独立访客，即网站或 App 的独立访客数量，同一页面、客户端多次点击只计算一次，访问量不累计
GMV	全称为 gross merchandise volume，是指成交总额，该金额包含付款和未付款的金额，是电商平台的重要数据，常用于反映网站的交易价值，GMV = 销售额 + 取消订单金额 + 拒收订单金额 + 退货订单金额
CAC	全称为 customer acquisition cost，是指用户获取成本，即每获取一个新客户需要付出的成本，在做营销推广时，常常会用到 CAC 指标

1.2.4　跨境电商运营的四大要素

运营是很多跨境电商卖家都会面对的难题，了解影响跨境电商运营的关键因素，能够帮助新手卖家少踩坑，有目标、有方向地发展。平台、产品、物流和营销是影响跨境电商运营的四大要素。

（1）平台

很多新进入跨境电商领域的卖家都会优先选择第三方平台运营模式，对于新手跨境卖家来说，这种模式门槛较低、入门更快，初始的转化速度也更快。

目前，主要的跨境电商平台有亚马逊、速卖通、eBay、Wish、Shopee 等，不同平台的目标市场、经营模式和规则要求等都有所不同。选择适合自己的平台极为重要，新手卖家应避免盲目跟风。在选择跨境电商平台时，需要考虑以下几点：

目标市场：不同的跨境电商平台覆盖的地区不同，比如亚马逊的优势市场有美国、欧洲等，速卖通在亚洲市场具有强大影响力。

平台规则：对平台规则的熟悉程度决定了是否能够运营好自己的店铺，新手卖家可以比较不同平台规则，以判断哪个平台的规则对自身更有利。

产品类型：不同的跨境电商平台由于面对的主要消费群体不同，其热卖的产品也有差异，新手卖家可结合自身的主营产品来选择合适的平台。

其他因素：包括服务费、支付方式和配套服务等，各平台收费标准不同，应从成本的角度来考虑。同时了解平台提供的支付方式是否适合自身的产品和目标市场，另外，在店铺运营的过程中也会遇到很多问题，这时全面的服务保障就很重要了。

（2）产品

并不是所有的产品都适合跨境电商，适合跨境电商的产品要满足以下四个属性：

①具备电商属性：即适合网络销售，国内外法律规定禁止网络销售的产品、平台禁限售产品不适合在跨境电商平台上发布。

②具备市场潜力，有比较优势：如果产品本身没有竞争力，那么可能无法在跨境电商平台中取得好的销量。

③运输难度低、售后成本低：体积较小、重量轻，运输不容易破损的产品更适合跨境电商，为避免增加售后工作，售后成本低的产品会更好。

④复购频率高：批发和零售是跨境电商的主要销售方式，复购率高的产品能够给店铺带来更多销量。

（3）物流

电商与物流相伴相生，而跨境电商更离不开物流。随着跨境电商行业的迅猛发展，物流的重要性也日趋显现。与国内物流相比，跨境物流要面临更多挑战，不仅有地理上的问题，还有不同国家文化、法律法规差异所带来的问题。

物流是跨境电商运营不得不考虑的要素，虽然我国物流企业众多，但真正具备跨境电商物流配送能力的却不多。跨境卖家不仅要考虑物流成本，还要考虑跨境电商平台提供的物流服务是否高效、稳定、便捷。

（4）营销

不管选择什么样的电商平台，都需要对店铺进行营销。除了获取平台内的流量外，站外流量也需要去扩展，这要求运营者具备一定的营销能力，同时熟悉平台操作、规则及政策变化，实时掌握最新动态，才能让店铺运营走得更稳。

1.2.5 跨境电商出口面临的风险

跨境电商行业拥有广阔的市场潜力，但其中也会涉及一系列的出口贸易风险，如以下风险：

政策风险：各国法律法规和贸易政策的改变会对跨境出口贸易产生较大影响，而同一行为在不同国家可能存在不同的法律认定，所以，跨境卖家应及时了解出口国当地的政策和法律规则，避免政策风险给店铺经营造成较大影响。

库存风险：对跨境电商卖家来说，做好仓储管理和库存清点工作是很重要的，这样才能保障不会出现断货或库存积压等情况。

物流风险：与国内电商相比，跨境出口卖家承担的物流风险会更大。商品在长时间运输过程中，会因为天气、颠簸等原因导致货损、丢失等，在跨越国境时，还可能遇到被扣押等情况。

税收风险：跨境电商会涉及进出口等税务问题，如果税务处理不当，会面临税务罚款等风险。

监管风险：跨境电商出口贸易要接受海关的监管，若没有按照海关规定进行操作，可能会导致被罚款或货物被扣留。

知识产权风险：跨境电商出口贸易蕴藏着侵犯知识产权的风险，很多热销产品都是侵权的"重灾区",如果卖家侵犯了他人的知识产权,可能面临知识产权纠纷。

1.3 传统企业如何转型跨境电商

随着全球化的发展,跨境电商出口贸易已成为新的商业模式。很多传统企业也在考虑转型跨境电商,希望通过跨境电商覆盖更广泛的客户群。特别是对中小微企业来说,国际参展、自建平台费用会比较高,采用第三方平台模式,能直接面对终端消费者,培育品牌,形成国际竞争新优势。

1.3.1 做跨境电商需要哪些条件

很多想要入场跨境电商的传统企业对于该行业并不是很了解,也不清楚自己能不能做跨境电商,做跨境电商需要具备以下基本条件:

(1)语言交流能力

跨境电商卖家要和国外客户做交易,沟通交流的基本工具就是语言,跨境卖家需要掌握目标国的语言,这样才能与消费者顺畅交流,避免因交流障碍丢失订单。

(2)电商基本知识

很多传统企业对电商基本知识了解不多,在前期,了解电商平台操作和相关外贸法规知识很有必要,这能使后期运营更得心应手。新手卖家可以多关注与跨境电商有关的新闻资讯,查看电商平台发布的信息动态,学习引流转化、店铺运营等相关知识,给店铺运营打好基础。

(3)市场调研能力

市场调研是比较重要的环节,每个跨境卖家都应该做好产品的市场调查,以找准定位,避免选品错误,具体可参考前面介绍的市场调查方法。

（4）平台运营能力

跨境电商平台很多,任何平台都离不开店铺的日常运营。跨境卖家应具备基本的平台运营能力,包括熟悉平台规则和政策,了解新店开业流程,掌握产品上架、详情页设置和广告投放等操作。

（5）产品相关知识

在产品售前和售后都可能遇到买家询问产品相关问题,卖家要对自身销售的产品足够了解,这样才能快速回答买家的问询。在电商平台,如果不能及时回复买家的问题,或者无法解答买家的疑问,很容易造成客户流失。若产品售后处理不当,也容易引起消费者的不满,或者收到投诉。

1.3.2 五个步骤从零起步做跨境电商

很多新手卖家对跨境电商如何起步存有疑问,一般来说,零起步做跨境电商需要经历以下五个步骤:

（1）准备工作

前期的准备工作不能少,不能采用走一步看一步的运营方式,这会增加试错成本。在准备阶段需要做三件事:一是准备启动资金;二是明确业务方向;三是规划和调研。

启动资金的多少取决于目标市场、选定的平台和运营模式等,如果目标市场大,平台服务费高,那么需要的启动资金就会多一些。若选择独立站＋第三方平台入驻,也会需要很多启动资金。

跨境电商进口和出口性质是不同的,首先要确定是做出口业务还是进口业务。做好规划和调研很有必要,在准备阶段需要明确主打哪个市场、做哪几个品类、选择哪个平台。

（2）货源和选品

相信很多跨境电商卖家都听过"三分靠运营，七分靠选品"这句话，这从侧面反映出选品的重要性。做跨境电商就是靠产品来赚取利润，产品选对了，再加上有效的运营，销量自然就上去了。因此，可靠的货源渠道也很关键，货源的好坏直接关系到能否顺利开展贸易活动。选择货源时需要考虑货源的质量和可靠性、价格和采购条件、供应链管理和配送能力。

（3）平台入驻

选择好入驻平台后，接下来就是开店了，入驻跨境电商平台时要了解入驻要求和规则，同时准备好入驻所需的相关申请材料。在店铺正式开业前，熟悉后台操作规则，选择好物流渠道。

（4）运营规划

根据新店的具体情况制定运营规划，具体如何制定运营规划呢？图1-9为制定运营规划的流程。

1	对店铺的整体情况进行分析诊断，包括资金、团队能力、流量情况和广告选词投放等
2	分析店铺和产品的竞争力，找出竞争优势，通过数据分析找出有竞争力的商品，制定热销品运营规划
3	有针对性地规划销售计划和营销方案，包括店铺装修和设置、详情页设计和营销推广等

图1-9　制定运营规划的流程

（5）复盘总结

在店铺运营过程中要做好复盘总结工作，复盘总结的目的在于发现问题，找到问题原因，进而优化运营方式。做复盘总结，可从以下四个方面入手：

店铺层面：分析店铺的销售额和关键指标，如访问量、转化率、客单价、跳失率和停留时间等，为店铺装修和详情页优化提供数据。

货品层面：既要分析自己店铺的货品，也要分析行业热销的产品，了解热销产品有哪些特点，为新品开发和选品提供参考。

用户层面：对用户进行分析，如用户性别、年龄、下单金额、来源渠道和流失率等。根据订单数据了解客户的购买喜好，确定细分运营的用户群，有针对性地进行内容生产，推送营销信息和店铺活动。

推广层面：分析站内和站外的营销推广效果，包括推广渠道、推广费用、传播效果、点击情况和转化效果等，总结问题并结合实际情况对推广方式和渠道进行调整。

1.3.3　如何正确转型跨境电商

传统企业转型做跨境电商首先要转换经营思维，根据跨境电商的特点来制定运营策略。大多数传统企业和工厂都以直接供货给经销商和批发商为主要销售模式，转型跨境电商后，会直接面对消费者。这就要求企业不能照搬国内线下运营的方式，容易导致"水土不服"。

在转型初期，可能会遇到一时难以适应的情况，企业可以采用一至三个月试运营的方式来帮助自身度过转型期，这样可以帮助积累经验，降低成本投入，如果前期效果数据不佳，也可以尽快调整策略。

要想成功转型跨境电商，需要企业进行相关配套的完善，如产品开发、供应链管理、运营团队、包装设计和风险控制等，都要与跨境电商的特点相适应，并做相应调整。传统企业可从以下方面做出改变，以让转型更顺利：

精造产品：随着消费者对产品品质的追求逐步升级，跨境出口电商产品越趋于精品化和品牌化。企业可以转变产品思路，发挥自身优势精造产品，掌握品牌话语权，提升品牌溢价。目前各大主流跨境电商平台都很重视侵权问题，企业在转型时也应注意规避侵权风险。

注重运营：很多传统企业主要以线下销售为主，对线上渠道涉足不多，甚至没有发展线上渠道。但跨境电商是在线上完成交易，需要进行站内、站外的引流，还要提供线上售后服务，运营工作就显得尤为重要。

团队建设：优秀的团队是支撑跨境出口业务开展的核心，企业要注重团队建设，保障跨境业务的可持续运营。做跨境电商需要图1-10中的团队成员。

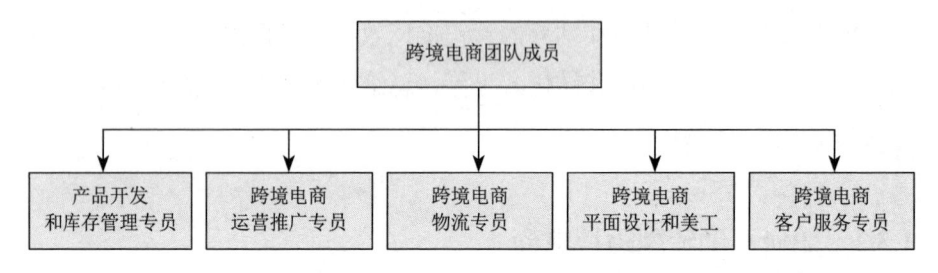

```
                    跨境电商团队成员
    ┌─────────┬─────────┼─────────┬─────────┐
 产品开发   跨境电商   跨境电商   跨境电商   跨境电商
和库存管理  运营推广   物流专员   平面设计   客户服务
  专员       专员                和美工      专员
```

图 1-10　跨境电商主要团队成员

每个成员的能力要求和岗位职责是不同的，包括但不限于表1-5中的能力要求和岗位职责。

表 1-5　跨境电商团队成员岗位职责和能力要求

成员	能力要求	岗位职责
产品开发和库存管理专员	①有一定外语基础，具备跨境电商产品开发和管理相关工作经验，了解行业动态。 ②了解跨境电商平台产品规则，熟悉热销产品分析和开发方法。 ③有敏锐的市场洞察力，对目标市场消费者需求及心理有一定理解	①负责跨境电商平台市场调查分析，寻找热销产品。 ②制定选品开发策略，协助运营部门打造精品、爆款。 ③把控产品品质和供货周期，跟进产品到货，配合做好品控。 ④关注目标市场相关类目产品，对热卖及潜力产品进行开发
跨境电商运营推广专员	①有良好的外语听说和读写能力，熟悉跨境电商平台运营规则及政策。 ②掌握网络营销、SEO、SEM等相关知识和技能。 ③具备跨境电商运营经验，善于使用各种运营工具，能针对性地开展营销	①负责跨境电商平台的运营管理，制定推广方案和策略。 ②对销售数据进行跟踪和监控，及时调整运营策略，提升曝光度和销售额。 ③参与跨境电商市场调研，了解竞争对手的情况，制定应对策略

续上表

成员	能力要求	岗位职责
跨境电商物流专员	①具备一定的口语和读写能力，熟悉跨境电商物流知识和渠道。 ②了解跨境电商平台物流操作流程，具备办公软件操作能力 ③良好的沟通协调能力，较强的学习能力和成本意识，了解货运延期、退货处理等相关事项处理方法	①负责跨境电商平台物流对接工作，对物流账号进行管理。 ②选择合适的运输方式和承运商，合理降低物流成本 ③确定产品发货和出货，安排好物流渠道，跟踪货物到达目的地之后的后续事务，对物流问题进行跟踪查询
跨境电商平面设计和美工	①美术、设计类专业，精通各种图像处理软件，具备独立的设计能力。 ②有一定的外语基础，具有良好的审美能力和网页整体布局能力。 ③工作认真细致，有耐心，有责任感，具备良好的合作意识	①负责跨境电商平台销售产品相关主图和附图后期处理。 ②负责跨境网店的店铺设计、产品详情页和活动海报的制作。 ③配合运营部门的工作，及时完成所需图片的制作
跨境电商客户服务专员	①有良好的外语听说和读写能力，打字速度较快，熟练使用办公软件。 ②具备良好的客户服务能力，善于和客户沟通，有团队合作精神。 ③熟悉跨境电商平台规则，熟练使用跨境电商平台后台操作工具，了解目标市场文化背景、价值观念	①掌握所售产品的相关知识，与客户保持良好的沟通，为客户提供售前、售中及售后服务。 ②客户的订单跟进，与物流、采购等部门进行沟通、协调，处理客户问题。 ③处理客户投诉，维持良好的客户关系，对客户订单的特殊要求跟踪处理

1.4 跨境电商常见问题的解决

在从事跨境电商出口贸易的过程中可能会遇到很多问题，这些问题可能会给卖家带来困扰，下面就针对一些常见的问题进行解答。

1.4.1 如何搭建高效的跨境电商团队

高效的跨境电商团队无疑是重要的，那么如何搭建高效的跨境电商团队呢？具体内容可分为以下三方面：

（1）招聘

如果企业缺乏跨境电商领域相关专业人员，那么就要通过招聘的方式吸引优秀人才加入团队，在开展招聘前要对人力资源现状进行分析，明确急需招聘人才和储备人才，按照优先级顺利安排招聘工作。同时要明确各岗位的任职要求和岗位职责并进行梳理，制定面试策略。为提高人才招聘的效率，可利用以下方法快速筛选出有效的简历：

①根据任职要求明确各岗位的硬性条件，快速剔除无效简历，节省时间，硬性条件包括资质水平、期望薪资、意向岗位和学历等。

②对有效简历进行过滤，筛选出优质的简历，这一步主要查看应聘者的软性条件，如工作经历、个人成绩和行业经验等。

③查看简历时对存疑的简历做好备注，以便在面试时做进一步筛选，比如工作上有过跨境电商从业经验，但没有写明岗位，此时无法判断该候选人是否能够胜任岗位工作，做好备注后可以通过电话或面试做进一步考察，再对其进行判断。

（2）培训

跨境电商出口贸易会涉及选品、上架、推广和发货等环节，在运营初期，由于店铺还处于起步阶段，一般由两三人组成一个团队。这时团队成员之间的分工较为模糊，每个成员都有必要了解跨境电商的整套流程，彼此共同合作，发挥各自优势。

为帮助各成员尽快熟悉跨境电商业务流程，快速成长，可以展开跨境电商培训。企业可以建立人才培训机制，对产品端、流量端、平台端和业务端开展有针对性的培训，帮助团队成员掌握核心方法，使团队运转更高效。

(3）管理

打造一个高效的跨境电商团队，需要有效的管理制度来对员工进行管理，比如考勤管理、绩效考核和薪酬管理等。跨境电商岗位的工作成果大都要通过业绩来体现，因此，岗位薪资多按基本工资＋绩效工资的方式设置。在绩效考核上，业绩指标所占的权重也会较高，下面来看一个范例。

实务范例 跨境电商岗位绩效考核

下面以跨境电商客服岗位绩效考核为例，来看看绩效考核表的设计，见表1-6。

表1-6 跨境电商客服岗位绩效考核表

序号	考核指标	权重	标准	分值	评分
1	询单转化率（X），$X=$最终付款人数/询单人数	30%	$X > 60\%$	30	
			$60\% \geqslant X > 50\%$	26	
			$50\% \geqslant X > 45\%$	24	
			$45\% \geqslant X > 38\%$	16	
			$X \leqslant 38\%$	0	
2	落实客单价（Y），$Y=$客服落实客单价/店铺客单价	15%	$Y > 1.35\%$	15	
			$1.35 \geqslant Y > 1.25$	12	
			$1.25 \geqslant Y > 1.16$	10	
			$1.16 \geqslant Y > 1.10$	8	
			$Y \leqslant 1.10$	0	
3	首次响应时间（ST），单位为秒	15%	$ST \leqslant 6$	15	
			$6 < ST \leqslant 12$	12	
			$12 < ST \leqslant 20$	10	
			$20 < ST \leqslant 30$	8	
			$ST > 30$	0	

续上表

序号	考核指标	权重	标准	分值	评分
4	平均响应时间（PT），单位为秒	10%	PT ≤ 30	10	
			30 < PT ≤ 35	9	
			35 < PT ≤ 45	8	
			45 < PT ≤ 55	6	
			PT > 55	0	
5	售后服务综合指标（D），其中纠纷退款率低于行业均值，退款完结时长低于行业均值，退款自主完结率100%	30%	D ≥ 90%	30	
			90% > D ≥ 80%	20	
			80% > D ≥ 60%	15	
			60% > D ≥ 40%	10	
			D < 40%	5	
总得分				100	
考核分数					

从表1-6可以看出，针对客服岗位，设置了询单转化率、落实客单价和平均响应时间等关键绩效指标。除以上指标外，还可以根据售前、售后岗位的差异，设置不同的绩效指标，如售前岗位常用绩效指标有销售目标完成率、询单销售目标达成率和询单转化率等；售后岗位常用绩效指标有售后投诉次数、售后回复率和售后满意度等。

在设计其他岗位的绩效考核表时，也要包含考核指标、权重、评分标准和分值这几项，具体的考核指标可以结合期望工作成果和关键行为因素来设计。

1.4.2 不懂外语能不能从事跨境电商

从跨境电商主要岗位的任职要求来看，几乎都需要具备一定的外语基础，那么对于部分外语基础比较薄弱的卖家来说，能不能从事跨境电商贸易呢？这要看具体的工作内容，如果卖家只负责运营管理、后台操作，那么外语基础薄弱通常是没问题的，因为主流跨境电商平台的后台操作界面都是中文，即使不懂外语也不影响操作。而一些小型跨境电商平台的后台界面则相对简单，需要掌握的单词数并不是很多。

但是对于客服岗位、美工岗位而言，外语好是加分项，这能让沟通更顺畅，详情页用词更准确。目前，有很多翻译工具可以帮助部分外语薄弱的卖家应对跨境语言障碍，更好地助力店铺运营。

在与买家沟通的过程中，如果发现无法理解客户的意思，那么就可以借助翻译工具来帮助解决部分语言问题。下面来看看几款比较常用的翻译工具：

（1）有道词典

如果只是少数单词不理解，那么可以使用有道词典来翻译。跨境卖家还可以在电脑中安装有道词典客户端，进行取词设置，这样就能实现鼠标取词翻译了。当然，也可以使用有道网页端进行单词或文本的翻译，图 1-11 所示为有道词典网页端页面。

图 1-11　有道词典网页端页面

（2）DeepL 翻译器

DeepL 支持英语、德语、俄语、西班牙语、印尼语等 31 门语言，其优势在于能更准确地翻译句意，且能捕捉语气语境，对行业特定专业术语的翻译也比较准确。缺点在于部分小语种不提供翻译支持，只不过对于大多数跨境卖家来说已经能满足翻译需求了，图 1-12 所示为 DeepL 翻译器界面。

图 1-12　DeepL 翻译器界面

（3）阿里翻译

阿里翻译覆盖全球 214 种语言，支持任意两种语言互译及自动语种检测，支持文本、文档、语音、图片和视频翻译，图 1-13 所示为阿里翻译界面。

图 1-13　阿里翻译界面

除以上几款翻译工具外，还有很多在线翻译工具，如微软翻译、搜狗翻译和 GhostCut 等翻译工具，卖家可根据个人喜好来选择。

1.4.3　无货源情况下能做跨境电商吗

跨境电商是一种在线销售模式，货源是很重要的一环，但不少新手卖家碍于资金量有限，同时为了降低成本和风险，不会自行备货、囤货。那么无货源情况下能不能做跨境电商呢？

实际上，无货源情况是很常见的，很多个人创业者和中小型电商经营者都会采用无货源模式。无货源模式有利有弊，优点在于能够降低成本，避免库存积压和过期损失等风险；缺点在于供应链管理难度大、产品质量难以控制、利润空间相对较小。在无货源的情况下，可以采用以下方式做跨境电商：

供应商合作：跨境电商经营者可以与供应商合作，当消费者在店铺下单后，马上与供应商联系，由供应商将商品发给客户。

市场采购：跨境电商经营者可以在B2B平台或线下寻找货源，这些市场中有很多供应商、代理商和经销商可以寻求合作。

商家代发：即与平台上的商家合作，由自己选品上架，合作商家负责发货。

跨境电商在吸引企业、商家进入的同时，也有很多不法分子在利用这一风口实施诈骗。如利用"无需囤货""一件代发"等具有诱惑性的关键词引诱受害人陷入骗局中，下面来看一个案例。

实务范例 警惕跨境电商无货源模式骗局

罗某在某App中浏览视频时看到了一则关于跨境电商的广告，该广告声称"手把手指导跨境电商开店，无需囤货、无需押金、一件代发，没有产品也能做跨境生意"，罗某通过广告链接登记了自己的联系方式。

随后有人添加了罗某的微信，自称是做"跨境电商"的，并向罗某发送了店铺登记注册的网址。对方承诺，如果有消费者在店铺中下单，平台会帮助调货发货，卖家无需囤货。只不过，罗某需要将进货款转账到公司指定的银行账号，待买家签收成功后，会返还订单金额至罗某平台账户。

罗某进行了注册登记，不久，罗某收到一笔订单，该网站平台的"客服"

诱导其向指定的银行账户转账了100多元。后续，罗某在平台账户中看到订单返款。此后，"平台客服"多次诱导罗某转账，其间共计转账了20多万元。后续，罗某发现平台账号无法提现，这才意识到被骗。

类似的诈骗案例还有很多，在网络平台上关于"跨境电商"的广告非常多，但往往都离不开"门槛低""无货源开店""不收取任何保证金""副业赚钱""零成本""高回报"等关键词。

这些骗局都是披着跨境电商的外衣，行网络诈骗之实，其主要手段是引导下载App或注册账号。短时间内，受害人通常会收到一笔订单以博取信任，随后会进一步引导其转账，当受害人想把平台账户金额提现时，却发现无法提现，有的骗子还会以店铺被封，解封需要交纳保证金为由，进一步实施诈骗。

跨境电商卖家要提高反诈骗意识，防范类似的骗局，注意识别虚假跨境电商开店信息。此类虚假平台并不会开展实际交易，销量是靠后台操作的。在选择跨境电商平台时，一定要选择可靠的平台，同时使用合法的跨境支付工具。

第2章
做好选品和物流打开海外市场

跨境电商为对外贸易带来了便利，也节省了消费者寻找商品的时间和空间。但与传统贸易相比，跨境电商交易也面临着许多挑战，选品和物流都在其中。跨境卖家若没有良好的选品能力，或物流运输存在障碍，也将大大影响其在市场中的优势。

2.1 选品是跨境电商经营的核心

如何选择合适的产品上架销售是跨境电商运营工作中重要的一个环节。如果选品不好，会导致店铺商品卖不出去，进而会影响整个跨境电商平台的盈利。同时产品品质不佳，也会影响消费者的购买体验，进而影响平台口碑。因此，跨境电商平台也很重视品类管理。

2.1.1 选品前需要考虑的六大因素

跨境电商产品销售需要考虑目标市场的消费者群体偏好以及长途物流运输问题，因此并不是所有的产品都适合跨境电商。进行跨境电商选品需要考虑以下几点：

（1）产品是否是目标市场刚需

在跨境电商平台上，要想保证产品获得比较好的销量，刚需品就是更好的选择。刚需品是指日常生活中使用频率高的必需品，具有不可替代性，且复购率会较高。

所以在做选品时，跨境卖家可以考虑该产品在目标市场是否为刚需，如果答案是肯定的，那么就可以将该产品作为目标选品之一。

（2）目标市场是否准入

了解当地政策和法规至关重要，如果产品没有获得目标市场准入资格，那么自然无法实现跨境销售。另外，了解目标市场政策也便于抓住政策红利，实现跨境商品销量的增长。比如2023年4月1日起，日本《道路交通法》新规施行，所有自行车使用者都必须佩戴头盔。这一新政令施行后，亚马逊等电商平台上的头盔销量明显攀升。

由此可见，关注目标市场政策和法规，也能为选品提供思路。卖家在保证选品符合当地标准和规定的前提下，可以多关注当地最新的政策变化。

(3) 是否为高频消耗品

产品的使用频率越高，消耗就越大，相应的消费频次也会更高。对于商家来说，销售这类型的产品，销量更容易上去。另外，消费者购买此类产品的决策成本较低，也很容易被电商平台的推荐吸引，后期做营销推广会更容易。

那么哪些产品属于高频消耗品呢？最为典型的就是生活日用品，如洗护用品、食品和服饰等。当然，不同类目的高频消耗品也是不同的，以母婴类目为例，奶粉、尿不湿和沐浴露等就是常见的高频消耗品。

> **知识扩展 低频高价品**
>
> 低频高价品复购频次低，产品价格普遍偏高，如汽车、家具等，具有一次性消费和冲动性消费的特点，比较依赖品牌口碑，消费者在购买时会有较长的选择周期，决策也会更理性。相较于服饰鞋帽、个人护理等快消品来说，这类产品做跨境电商难度更高，此行业卖家可以结合目标市场消费习惯、交通及物流配送情况等来考虑选品，或者选择同行业更适合跨境电商的品类，如汽车配件、家居装饰品等类目。

(4) 跨境物流成本

做跨境电商不得不考虑物流成本，为了尽可能降低物流成本，在选品时尽量选择小件商品或者重量较轻的产品，以降低物流成本。另外，为避免运输途中货物损坏、灭失等不确定因素，最好选择易于包装、不易破碎的产品，既可以降低物流成本，又可以降低货损概率。

(5) 是否具备差异化

随着越来越多的卖家进入跨境电商领域，竞争也在加剧，产品变得愈发重要，很多跨境电商卖家都在思考如何提升产品竞争力。差异化就是一种重要手段，具备差异化的产品更能激发消费者的好奇心和购买欲望，不仅能有效提高产品竞争力，还更容易做出爆款。

性能用途、外观细节和服务质量等都可能成为区别其他产品的差异化特征，在竞争态势下，做差异化产品，让产品具备优势，更能从竞品中脱颖而出，获得高销量。

（6）是否足够熟悉

在做选品时，可以优先选择自己熟悉的品类，这样可以将积累的经验运用于跨境电商店铺经营中，供货、销售问题也迎刃而解。在选品上，跨境卖家不要舍近求远，而要懂得利用好现有资源和优势。如果选择经营自己不熟悉的品类，在没有经验借鉴的情况下，很容易踩雷。

> **知识扩展** 了解目标市场用户需求
>
> 卖方区域内热销的产品，并不一定适用于买方市场，因为目标地区消费者的生活习惯、购物习惯和文化背景可能与卖方区域有较大差异，所以在选品时需要考虑目标市场用户需求。跨境卖家可进入当地社交网站，了解当地的消费习惯和流行趋势，或者通过市场调查数据来了解目标市场的消费偏好。比如可通过社交媒体了解海外用户的兴趣偏好，通过各领域的热点话题来了解流行趋势。

2.1.2 热销榜单找到热门潜力类目

跨境电商选品是有技巧的，借助这些技巧可以帮助卖家更快选到热门潜力类目，热销榜单选品就是一个很实用的技巧。

热销榜单即热门商品排行榜，大多数跨境电商平台都提供有热销榜单，该榜单反映了平台中消费者的需求，下面以亚马逊为例，来看看如何通过热销榜单选品。

实务范例 亚马逊 Best Sellers 选品

如果要查看亚马逊加拿大站点的热销榜单，可进入亚马逊加拿大站点，在首页单击"Best Sellers"超链接，如图 2-1 所示。

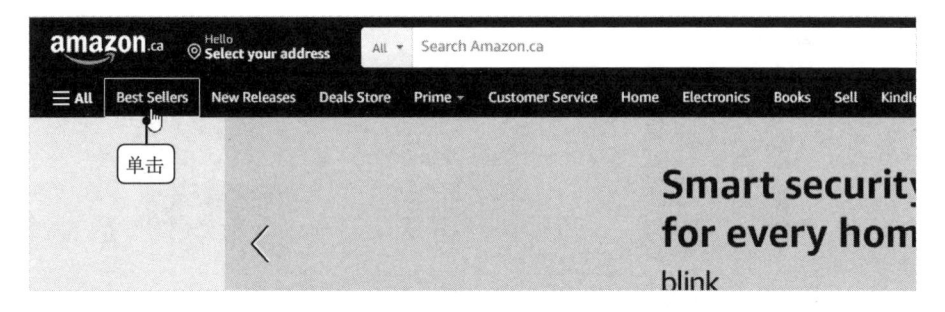

图 2-1 进入亚马逊网站

在打开的页面中可以查看到品类排行榜，左侧为总类目，右侧为不同类目下的 Best Sellers，如图 2-2 所示。

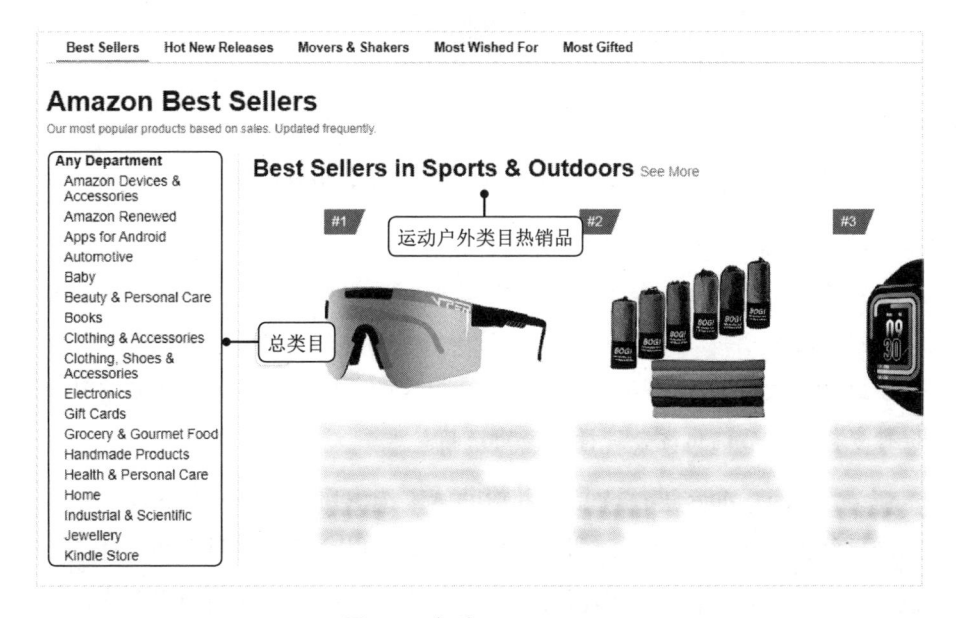

图 2-2 查看 Best Sellers

通过图 2-2 可以看到，涵盖了美容与个人护理、服装、配饰、图书等类目。在户外运动类目中，热销品有太阳镜、毛巾、智能手表等。在已经确定大的品类的情况下，可以有针对性地查看各类目中的 Best Sellers。如果熟悉的品类是婴儿用品，那么就可以从婴儿类目中查看具体的热销产品，如图 2-3 所示。

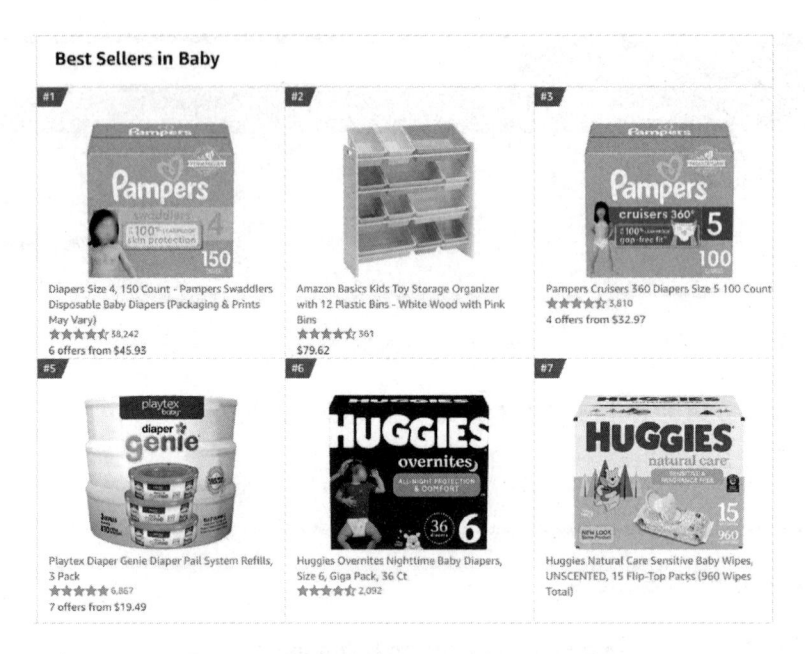

图2-3　"Baby"类目的Best Sellers榜单数据

进入"Baby"类目后，可查看到按销售情况排名的Best Sellers，从图2-3中可以看到，纸尿裤、玩具收纳盒、婴儿湿巾等都是热销品。此外，卖家还可以查看细分品类的Best Sellers，了解哪些品牌的产品更受欢迎。

跨境卖家可根据Best Sellers榜单，结合自身资金、货源和优势等情况进行分析，然后选出适合目标市场的产品。

结合Best Sellers进行选品可以帮助店家选出目标市场的热销品，这样的产品经过了市场的考验，即使是新手卖家，以这样的产品入场，成功率也会高很多。需要注意，热销榜单不是一成不变的，会随着市场需求的变化而变化，卖家可定期查看榜单，以了解销售趋势，做选品优化。

2.1.3　新品热卖排行榜选热点产品

新品热卖榜单选品与热销榜单选品的思路是类似的，都是借助榜单数据来选品。只不过新品热卖榜单针对的是新品，以亚马逊中的"New

Releases"榜单为例,其具有以下特点:

①上架或发布的时间较短的产品。

②上升速度快的产品。

③榜单排名更新更频繁。

在跨境电商平台,某些产品在特定的时间段里销量可能会急速增加,New Releases 榜单就是帮助卖家了解哪些产品在短期内能够脱颖而出,从而快速选品跟进,占领市场份额。下面以亚马逊 New Releases 榜单为例,来看看如何结合 New Releases 数据进行选品。

实务范例 New Releases 榜单找到销量上升快的新品

同样以亚马逊加拿大站点为例,在首页点击"Hot New Releases"超链接进入榜单页面。左侧为总类目,右侧为不同类目下的 New Releases,如图 2-4 所示。

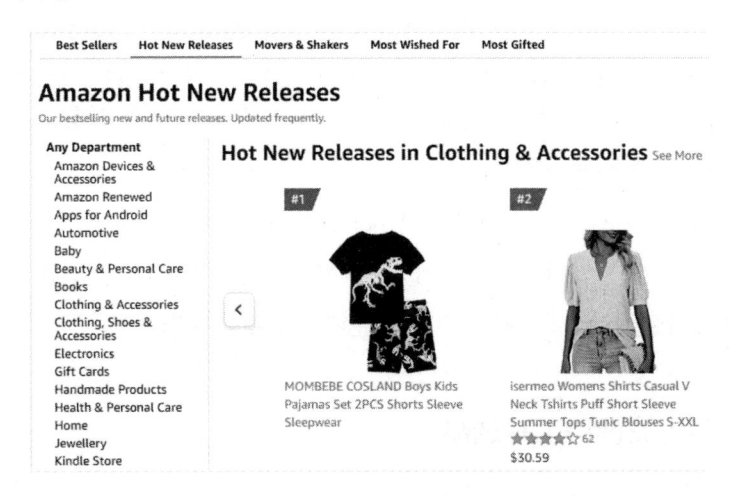

图 2-4 New Releases 榜单

从图 2-4 中可以看到,服饰配饰的热门新品有睡衣套装和女士短袖等,这里同样以"Baby"类目为例,查看该类目下的 New Releases 榜单数据,如图 2-5 所示。

图2-5 "Baby"类目的 New Releases 榜单数据

可以看到，"Baby"类目下 Hot New Releases 和 Best Sellers 榜单数据是不同的。图2-5中显示湿巾、奶嘴夹、咀嚼玩具和蚊帐等是热门新品，部分产品具有季节性特点。

针对该榜单，选品的策略在于找到能快速跟进、有潜力的产品，卖家可以分析上榜产品的单价、销量、收藏量和竞争度，从中找出上架时间较短、销量和收藏高的产品，然后分析自己的货源中是否有性价比高、具有竞争力的产品能作为新品上新。

Hot New Releases 榜单中部分产品的销售周期较短，因此，为避免选品失误带来库存积压难题，要尽量选择热度还在上升期的产品，如果该产品的热度已经接近尾声了，那么可能已经错过了销售旺季。

2.1.4 利用关键词工具选品

关键词选品工具能帮助卖家在选品过程中找到具有潜力的产品，这类工具有很多，卖家可以根据需要选择。下面以卖家精灵为例，来看看如何通过关键词选品工具来了解亚马逊的买家需求及对应的产品，从而选出合适的产品。

实务范例 卖家精灵关键词选品

卖家精灵是一款亚马逊卖家工具，提供一站式选品、市场分析、关键词优化等功能。关键词选品是基于买家搜索行为来发现潜在市场，一个关键词对应一个细分市场，通过关键词的月搜索量、购买率等数据，找出其对应细分市场中蕴藏的商机。

登录卖家精灵，单击"关键词选品"选项卡，打开关键词选品页面，选择站点和月份，如图2-6所示。

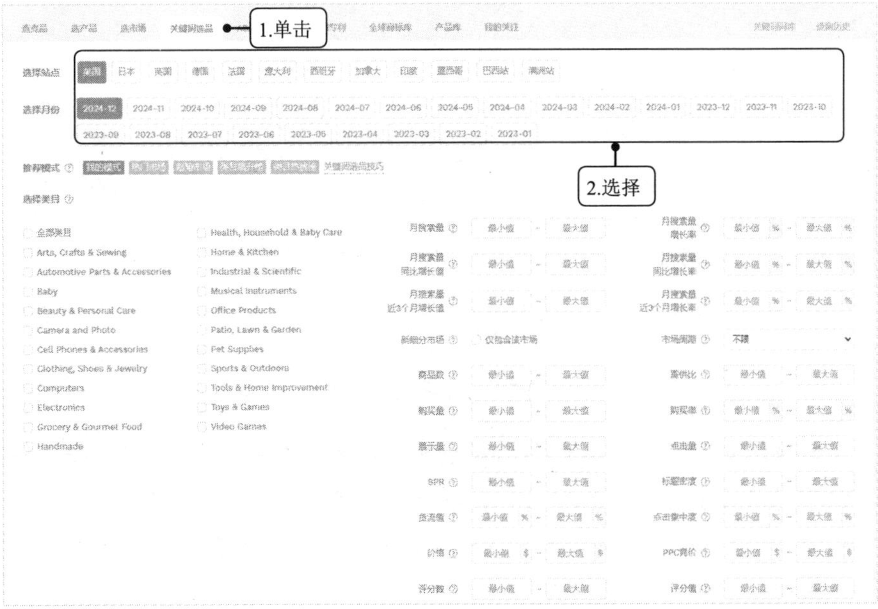

图2-6 打开关键词选品工具

页面中的"推荐模式"是系统内置的一些选品模式，可以帮助卖家快速上手关键词选品。比如"热门市场"是指某类目下，搜索量较大，处于增长的市场。"趋势市场"是指近3个月搜索量较大，增长趋势不错的细分市场。选择某一推荐模式后，可以在此基础上基于类目、参数值进一步优化选品条件。

当然也可以不选择系统推荐的模式，进行自定义选品。类目是指该关键词下首页的商品所属类目，右侧可以设置月搜索量、商品数、购买量、关键词等条件，设置好选品条件后，单击"开始筛选"按钮进行筛选，如图 2-7 所示。

图 2-7　设置选品条件

需要注意，同样一类产品，基于使用场景或人群不同，卖家可能会将其归于不同的市场。比如运动鞋，有的卖家可能会归类于服装、鞋靴与珠宝（Clothing, Shoes & Jewelry）类目；有的卖家可能会将其归于运动与户外（Sports & Outdoors）类目。

选品参数中，搜索量直接反应了市场需求大小和容量，商品数反映了市场供应量，而搜索趋势则直观地反映了该细分市场的生命周期，以及季节性和节假日性。货流值是家精灵的原创指标，代表销售同样货值的商品，流量成本的大小。当搜索结果数太多时，可以加上关键词进一步过滤，比如添加需要包含的关键词或排除的关键词。

从图 2-7 中可以看出，关键词选品工具提供的筛选条件有很多，为了更好的运用该工具，需要了解各参数的具体含义，这里可以单击选品参数中的"?"标识，即可查看各参数的具体含义，如图 2-8 所示。

第 2 章　做好选品和物流打开海外市场

图 2-8　查看参数的具体含义

理解了各指标参数的具体含义后，再结合实际场景来选品，在设置筛选条件时，也有一些技巧可以运用。

实力雄厚的卖家：可以优先设置搜索量大于某阈值的条件，比如婴儿用品类目，将搜索量最小值设置为 20 000。

寻找新型潜力市场的卖家：可优先考虑搜索量增长和新细分市场这两个条件，比如月搜索量近 3 个月增长率超过 10%，选中"仅包含该市场"复选框，通过过滤"新出现的细分市场"条件来寻找新型潜力市场，这里的新出现的细分市场，表示（当年）当月有该关键词的搜索量，而上一年该月没有该关键词的搜索量。

深耕某一细分领域或类目的卖家：优先选择店铺所属的类目，然后在选品条件中加上关键词，比如服饰卖家优先选择 Clothing, Shoes & Jewelry 类目，可在"选择关键词"条件中加上包含"shoes"关键词这一条件。

对竞争比较关注的卖家：一般来说蓝海市场的竞争小，可优先考虑设置点击集中度或货流值这两个筛选条件，其中点击集中度一定程度反映了关键词在细分行业（搜索结果页）的垄断情况。货流值越低意味着该细分行业引流成本越低，竞争越小，也可能意味着该市场还处于蓝海。

在筛选结果页，可以查看不同关键词的搜索量趋势、月搜索量、增长率等数据，如图 2-9 所示。

43

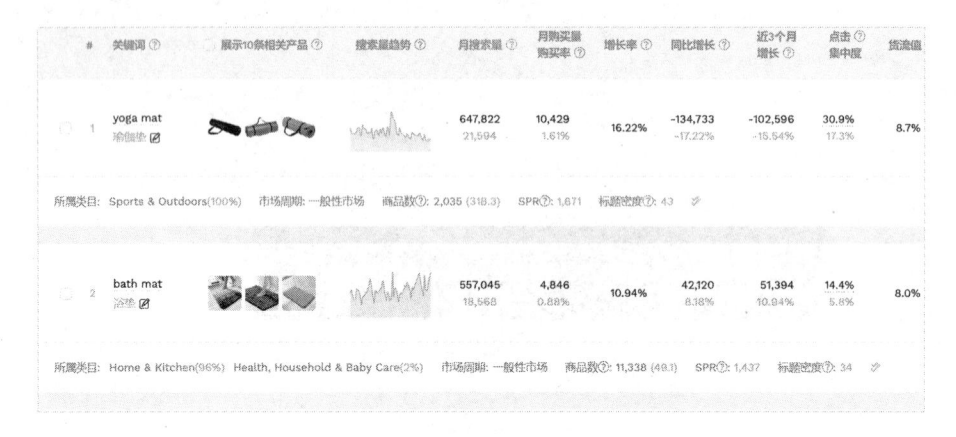

图 2-9　查看筛选结果

在筛选结果页还可以进行搜索排序，比如按"货流值"排序，判断市场竞争程度，从而找出流量成本相对较小的市场，如图 2-10 所示。

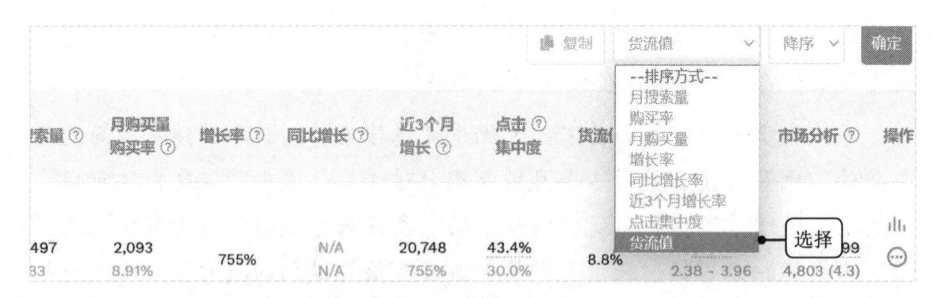

图 2-10　设置排序方式

2.1.5　通过竞争对手挖掘热销产品

在有类目目标的情况下，可通过分析竞争对手的热销商品来选品，这种选品方式具有以下优势：

①帮助新手卖家快速找到可售卖的品牌。

②快速找到受目标消费群体认可的产品。

③能够挖掘到一些具备潜力、可持续性的产品。

在使用竞争对手选品法时，卖家要多做分析，同时结合其他数据综合判断，因为通过竞争对手选品也可能存在失误，主要表现为以下几点：

①选品时找到对方的清仓货或者折扣品，选好产品上架时才发现利润很低，甚至没有利润，或者自身价格不具备折扣优势，无法带来销量。

②没有选对竞争对手，导致选择的产品不适合自己的店铺定位。

③选择的竞争对手选品能力本身也不强，或者选品能力还不如自己。

那么卖家要如何运用竞争对手选品法呢？下面以亚马逊平台为例，来介绍如何做好竞争对手选品。

实务范例 亚马逊平台竞争对手选品策略

首先确定竞争对手，明确竞争对手是中国卖家还是本地卖家，在界定竞争对手时，可从以下四点来分析：

①在电商平台的品类中是否存在竞争。

②对方提供的产品或服务是否与本店铺相同。

③对本店铺产品对方的产品是否存在替代性。

④双方的目标消费者是否一致，即是否存在消费者争夺。

结合以上几点从平台卖家中选出同品类的竞争对手，然后查看其店铺信息。通过店铺信息可以了解该卖家的注册信息，以帮助判断该卖家是否是本地卖家，如图2-11所示。

图2-11 查看店铺注册信息

接下来进入竞争对手店铺首页,查看其在售产品。一般来说,店铺首页会展示热销品、特惠品以及新品,以吸引进店消费者下单。在查看竞争对手店铺时,要了解对方在售产品类别、大概数量、整体的定价范围区间,然后从中挖掘出适合自身店铺的产品。可先确定大的分类类别,然后再锁定具体的产品。其中,竞争对手店铺的热销品、新品、近期销量上升较快的产品值得重点关注,如图2-12所示。

图2-12　查看竞争对手店铺

从中找到适合的选品后,还需要进行单品分析,这一步主要是判断产品的整体市场大小,以及如果店铺销售同类产品在价格、质量和功能等方面是否存在竞争优势,如果产品利润很低,竞争难度很大,那么就要考虑是否要选择该商品了,如图2-13所示。

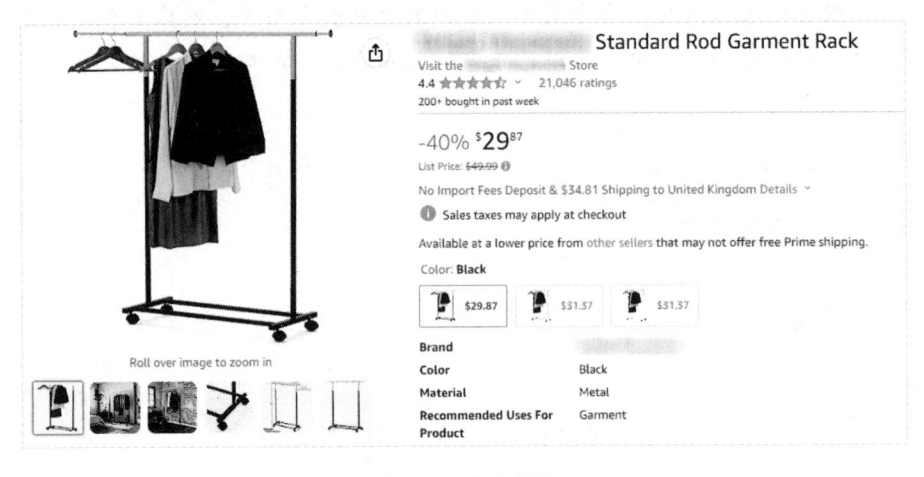

图2-13　查看单品

在单品页面能够查看到产品价格、销量、上架时间、品牌、材质和买家评价等内容，借此判断竞争对手的实力，以及自身是否具备能力和实力切入这个产品市场，综合分析后再进行选品决策。

在店铺运营过程中，可将竞争对手的店铺加入收藏栏，并做好相应的备注，以便定期了解竞争对手上新、营销等情况，为选品提供思路的同时也做好营销应对。为了更好地进行选品分析，可制作竞争对手选品分析表，为选品决策提供依据，见表2-1。

表 2-1 竞争对手选品分析表

类目	热销单品	机会指数	热度指数	市场需求量

备注：机会指数指产品在卖家中的竞争程度；热度指数是指产品在市场上受欢迎的程度

知识扩展 **高质量选品的路径**

第一步在整个市场中找到适合店铺的细分类目，了解该类目的市场容量、增长情况等，分析该类目是主流/热门类目，还是稳中有升，或是强势崛起类目；第二步分析品类进入门槛，如果该品类竞争大，有头部品牌垄断现象，新品牌难以进入，或者品牌众多难以突围，那么就需要做足准备再进入，也可选择其他未被头部品牌占领过多市场份额、市场潜力较大、对新品牌相对友好的品类；第三步选择具体的产品，挖掘产品市场机会点。

2.1.6 借助运营工具选品

在做跨境电商运营的过程中会用到各种运营工具，如市场洞察、流量分析工具等,其中选品工具是能够帮助店铺智能选品提高运营效率的工具,这类工具有很多,可根据个人使用习惯选择,下面以Jungle Scout网页版选品数据库为例进行介绍。

实务范例 Jungle Scout 选品数据库锁定爆款

登录Jungle Scout(中文名为"丛林侦察兵",以下简称JS)网页版账号,单击左侧导航栏中的"选品数据库"选项卡,进入选品数据库页面,根据店铺情况选择站点和类目,如图2-14所示。

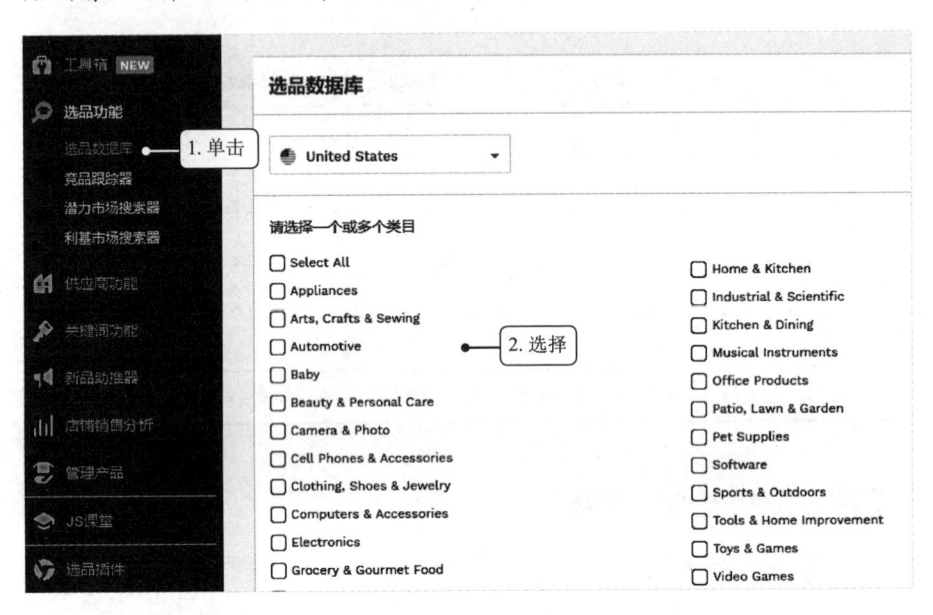

图 2-14　进入选品数据库页面

选择类目时注意不要勾选不适合自己售卖的类目,选好类目后可进行更具体的筛选,JS选品数据库提供了多种筛选条件,如产品尺寸、卖家、售价、利润、排名、评论数和卖家数量,筛选条件可自行设置,这里提供几种筛选参考:

①筛选利润高但销量中等的产品。可从卖家、售价、毛利润、销量区间这四个指标来筛选,如选择标准尺寸、FBA卖家、单价在35美元以上、毛利润10美元以上、月销量为50～200件,如图2-15所示。

图 2-15　筛选利润高但销量中等的产品

②筛选销量好但 Listing 质量差的产品。主要设置月销量和 LQS 这两个筛选条件，如月销量为 400～1 000 件，LQS 为 3～4，如图 2-16 所示。

图 2-16　筛选销量好但 Listing 质量差的产品

> **知识扩展** 什么是 LQS
>
> LQS 全称为 Listing Quality Score，是亚马逊 listing 的质量分数，用于衡量亚马逊产品 Listing 的质量好坏。

③筛选榜单排名不高，但是销量表现不错，Listing 有一定改进空间的产品。如 FBA 和 FBM 卖家，大类排名为 400～500 名，销量最低为

1 000 件，LQS 最高为 6，如图 2-17 所示。

图 2-17　筛选榜单排名不高但销量表现不错的产品

根据设置好的筛选条件得到筛选结果，可将结果导出为 CSV 格式文件。在筛选结果页面可查看各产品类目、月收入、月销量和排名等数据，筛选后可以帮助缩小选品范围，从而使选品更高效。

挑选出产品后，还可以将产品添加到竞品跟踪器中进行分析，以了解产品的实际销量和库存情况，判断是否选择该产品，如图 2-18 所示。

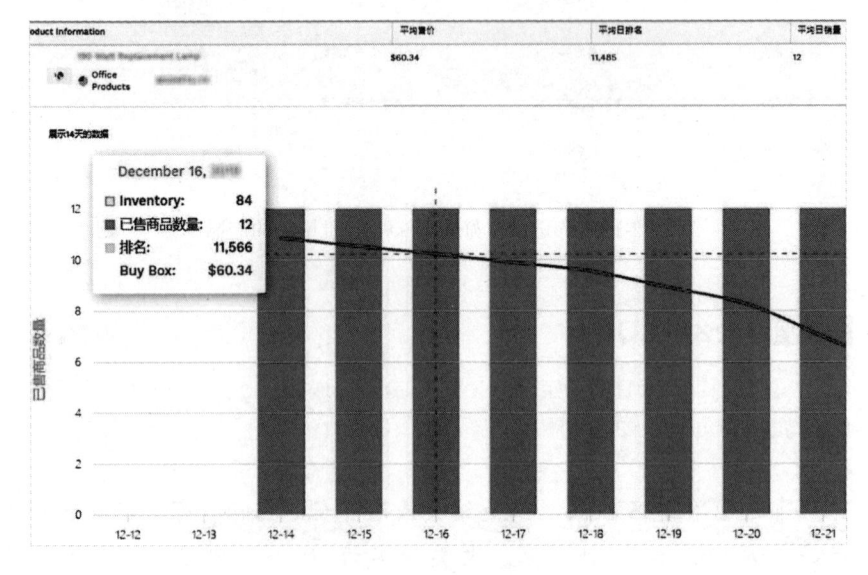

图 2-18　竞品跟踪分析

2.2 跨境电商物流渠道的选择

跨境电商在贸易过程中也面临着一些挑战，物流就是其中之一。物流是支撑跨境电商发展的重要环节，使得商品可以从生产地运输到全球各地的消费者手中。

2.2.1 如何选择合适的物流

当消费者在店铺下单以后，就需要通过物流将商品运输到目的地，跨境物流与国内物流有所不同，如何选择适合自己的物流方式，也是跨境卖家需要思考的重要课题。在选择物流方式时，需要考虑以下几点：

（1）物流价格成本

跨境物流运输的路线长，涉及的环节多，成本自然也会比国内物流高，但不同的跨境物流也有价格高低的区别。目前跨境电商的物流方式主要有四种，包括邮政快递、商业快递、专线物流和海外仓储模式，这几种物流方式时效不同，运输价格也不同，见表2-2。

表 2-2 跨境物流比较

模式	路径	价格	时效
邮政快递	国内邮政揽收→国外邮政分拨	略高	较慢
商业快递	国内揽收→国际商业快递→目的国分拨	高	快
专线物流	国内揽收→国际专线→目的国分拨	较低	较快
海外仓储	国内揽收→国际运输→海外仓	较低	快

从运费价格来看，专线物流和海外仓储模式的价格相对较低，但专线物流有路线限制，而海外仓储模式需要卖家提前备货，将商品运往海外仓储中心存储。国际商业快递的运费价格高，但具有时效快的优点。邮政国际快递的运费价格相对较高，但比国际商业快递便宜，只不过时效较慢。

以上几种物流方式各有优缺点，卖家需要综合产品特点、运营模式、货物重量和交货期等来考虑。从节省成本的角度来考虑，除非消费者对时效性有强烈要求，一般不会选择国际商业快递。专线物流更适合货物从出发国发往单一目的国的产品。海外仓储模式比较适合销售额相对稳定的跨境卖家。

（2）运送派送周期

运送派送周期的长短也是跨境卖家需要考虑的，从表2-2可以看出，邮政国际快递时效相对较慢，其次是专线物流，时效最快的分别是国际商业快递和海外仓储模式。

大部分跨境卖家的目标市场都是相对固定的，综合运输成本和时效性，很多跨境卖家都会选择国际专线物流。如果消费者对时效要求较高，且产品利润高，则比较适合国际商业快递。如果卖家追求经济，且产品对时效要求不高，则可以选择邮政国际快递。

（3）产品匹配度

在选择物流方式时，还要考虑与产品的匹配度。低成本的轻量货物适合邮政小包或专线小包，运费成本较低。其中邮政国际平常小包对重量和体积的要求见表2-3。

表2-3　邮政国际平常小包尺寸限重

项目	详情
限重	2千克
尺寸规格	最大：长、宽、厚合计900毫米，最长一边不得超过600毫米，公差不超过2毫米。圆卷状的，直径的2倍和长度合计1 040毫米，长度不得超过900毫米，公差2毫米。 最小：至少有一面的长度不小于140毫米，宽度不小于90毫米，公差2毫米。圆卷状的，直径的两倍和长度合计170毫米，长度不得少于100毫米

如果货物重量重、体积大，从时效性和安全性来考虑，可选择国际商

业快递。另外，较为贵重的商品一般会选用商业快递，时效最快，货物防护性更高。

2.2.2 国际邮政包裹运输

邮政网络遍布全球，承担了我国跨境电商出口业务的大部分包裹运输业务。邮政提供的出口物流服务有多种，下面分别介绍跨境电商卖家常用的几种物流方式：

（1）邮政小包

邮政小包是亚马逊、速卖通、eBay 等跨境卖家首选的物流方式，大多数独立站跨境企业也会选择这种物流方式，邮政小包分为国际平常小包和国际挂号小包。

国际平常小包和国际挂号小包都是针对 2 千克以下的小件物品，邮政提供的小包业务通达全球 200 多个国家和地区，可通过线上与线下两种渠道进行发货，提供轻小件寄递服务。这两种寄递服务的优势对比见表 2-4。

表 2-4 国际平常小包和挂号小包优势对比

寄递服务	服务优势
国际平常小包	平台认可：主流电商平台基本上都支持该物流方式，可通过线上线下两种渠道发货。 交寄便利：全国大部分地区可交寄，线上渠道提供上门揽收、客户自送等多种交寄方式。 性价比高：属于经济型产品，性价比高。其中提供"平＋服务"的路向还会提供一至二个境外段关键节点反馈信息。 渠道多样：部分路向提供航空、陆运多种运输方式
国际挂号小包	同样具备平台认可和交寄便利的优势，除此之外，还具有以下优势。 赔付保障：丢损赔付，安心交寄。 全程可控：主要路向提供全程跟踪信息，并提供异常情况查询、收件人签收等增值服务

（2）e邮宝

e邮宝业务是邮政为适应跨境轻小件物品寄递需要开办的标准类直发寄递业务。该业务依托邮政网络资源优势，境外邮政合作伙伴优先处理，为客户提供价格优惠、时效稳定的跨境轻小件寄递服务。具有以下优势：

在线打单：在线订单管理，方便快捷。

时效稳定：重点路向全程平均时效7～15个工作日，服务可靠。

全程跟踪：提供主要跟踪节点扫描信息和妥投信息，安全放心。

平台认可：主流电商平台认可和推荐物流渠道之一，品牌保障。

e邮宝支持爱尔兰、奥地利、巴西、马来西亚、美国、匈牙利、英国、韩国、日本、泰国等国家的寄送服务，其他支持的国家可在邮政官网查询。e邮宝对货物的尺寸规格有要求，具体见表2-5。

表2-5　e邮宝尺寸规格要求

尺寸规格	具体要求
单件最大尺寸	长、宽、厚合计不超过90厘米，最长一边不超过60厘米。圆卷邮件直径的两倍和长度合计不超过104厘米，长度不得超过90厘米
单件最小尺寸	长度不小于14厘米，宽度不小于11厘米。圆卷邮件直径的两倍和长度合计不小于17厘米，长度不小于11厘米

（3）国际EMS

EMS即邮政特快专递，可为用户快速传递各类文件资料和物品，同时提供多种形式的邮件跟踪查询服务。该业务与各国（地区）邮政、海关和航空等部门紧密合作，打通绿色便利邮寄通道，同时提供保价、代客包装和代客报关等一系列综合延伸服务，具有以下服务优势：

覆盖面广：揽收网点覆盖范围广，目的地投递网络覆盖能力强。

收费简单：无燃油附加费、偏远附加费、个人地址投递费。

全程跟踪：邮件信息全程跟踪，随时了解邮件状态。

清关便捷：享受邮件便捷进出口清关服务。

EMS 通达的国家很广泛，不同目的地限重（千克）和最大尺寸限制不同，如日本限重 30 千克，最大尺寸限制为标准 1；美国限重 31.5 千克，最大尺寸限制为标准 5，表 2-6 为 EMS 最大尺寸限制标准表。

表 2-6 EMS 最大尺寸限制标准表

最大尺寸限制	具体标准
标准 1	任何一边的尺寸都不得超过 1.5 米，长度和长度以外的最大横周合计不得超过 3.0 米
标准 2	任何一边的尺寸都不得超过 1.05 米，长度和长度以外的最大横周合计不得超过 2.0 米
标准 3	任何一边的尺寸都不得超过 1.05 米，长度和长度以外的最大横周合计不得超过 2.5 米
标准 4	任何一边的尺寸都不得超过 1.05 米，长度和长度以外的最大横周合计不得超过 3.0 米
标准 5	任何一边的尺寸都不得超过 1.52 米，长度和长度以外的最大横周合计不得超过 2.74 米

产品重量、寄送地和邮寄服务不同，费用也不同，具体的价格可通过邮政速递物流报价查询页面查询。

实务范例 查询邮政国际物流费用

进入邮政速递物流报价查询页面，选择发件人省份、发件人市、发件人县、寄达国、重量和业务产品，单击查询按钮，如图 2-19 所示。

图 2-19 查询邮政国际物流费用

2.2.3　国际商业快递运输

国际商业快递具有时效快的优势，但运输费用也相对较高。因此，大多数跨境卖家只在客户对产品有时效性要求时才会使用国际商业快递。国际商业快递的主要物流承运商有UPS（联合包裹服务公司）、DHL（敦豪航空货运公司）、FedEx（联邦快递）和TNT（天地快运）等，这四大物流承运商的介绍见表2-7。

表2-7　四大物流承运商介绍

物流承运商	优势
UPS	UPS业务网点遍及全球两百多个国家和地区，平均运输时效较快，在北美、欧洲等地区有显著优势，物流信息查询方便快捷、服务质量好，大货运输有价格优势。缺点在于对托运物品的限制比较严格
DHL	DHL到达区域多，覆盖全球两百多个国家和地区，货物运输安全稳定，在美国以及欧洲多个国家和地区具有明显的清关优势，提供详细的跟踪信息，小包运输有价格优势。缺点在于对托运的货物有限制，部分国家在服务方面没有优势
FedEx	FedEx性价比高，运输同等重量的货物到同一地区，Fedex的快递价格往往比其他快递公司便宜，在东南亚、北美等地区具有显著优势。缺点是在西欧、非洲、中东和南美等地区不具备价格和时效上的优势
TNT	TNT目前已被FedEx收购，在欧洲和亚洲可提供高效的递送网络，处理问题及时。缺点在于价格相比其他快递公司较高，对所运货物限制也比较多

在选择国际商业快递时，可以结合目的地和价格来考虑，以选择价格和时效上都占据优势的承运商。跨境商家可进入承运商官方网站查询报价，并进行价格比较，下面以DHL为例介绍如何获取报价。

实务范例　获取DHL物流报价

进入DHL官方网站，单击"获得报价"超链接，如图2-20所示。

图2-20　单击"获得报价"超链接

在打开的页面中选择发货人类型，设置出发地点和达到地点，单击"描述您的货物"按钮，如图 2-21 所示。

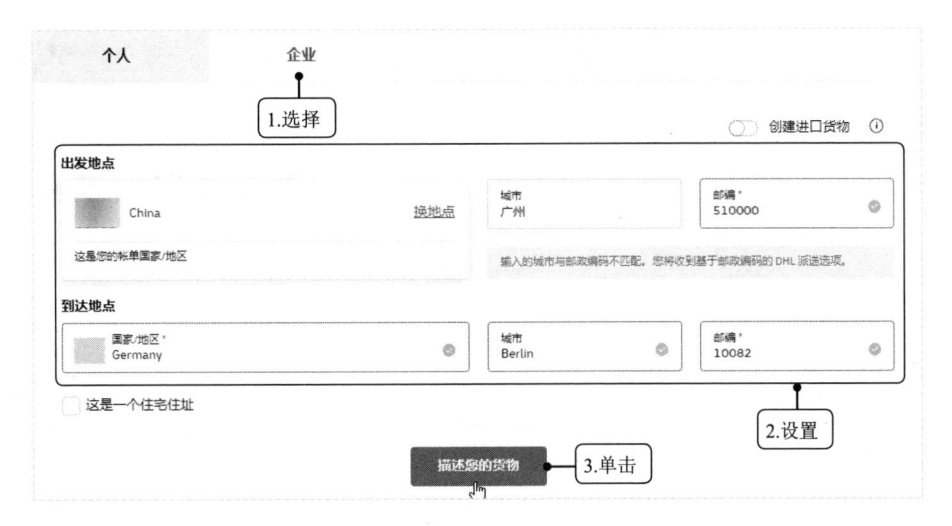

图 2-21　设置出发地和目的地

填写货物重量和尺寸，若不确定货运尺寸，可在下方选择，这里选择"搬运箱"选项，单击"获得报价"按钮获取报价，如图 2-22 所示。

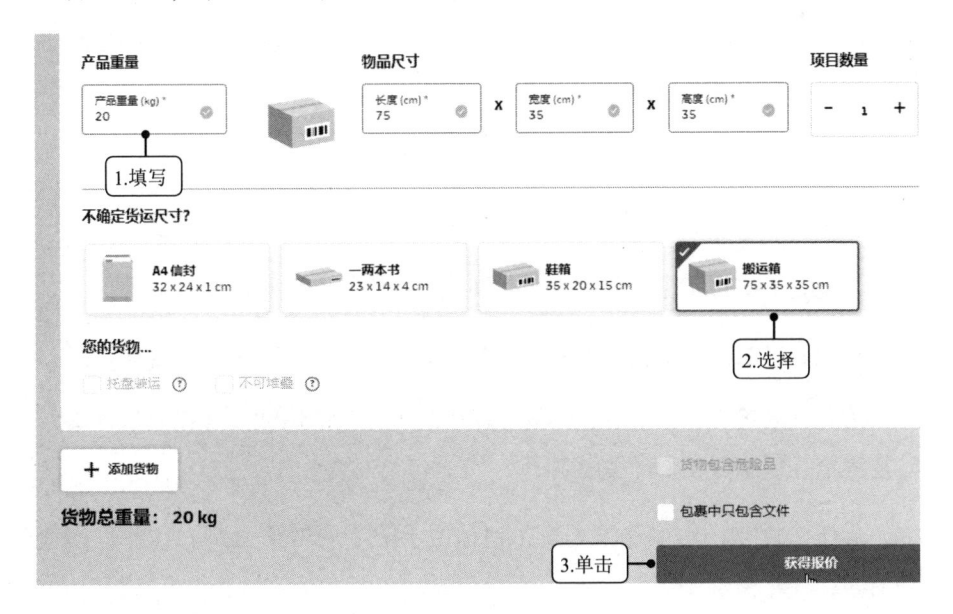

图 2-22　获取报价

在报价结果页面可查看到预计派送日期和价格，单击"详细信息和附加服务"按钮可查看更多信息，如图2-23所示。

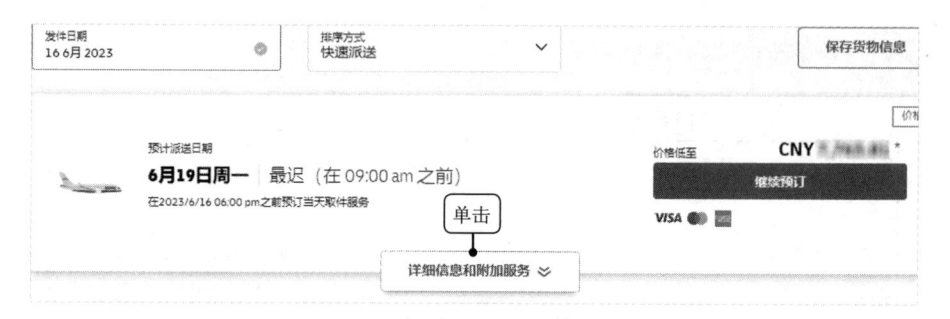

图 2-23　查看报价

另外，还要考虑承运商是否禁运或限运该货物，以 DHL 为例，其不接受以下类型的快件：

①活体动物（包括但不限于哺乳类、爬行类、鱼类、无脊椎类、两栖类、昆虫类或鸟类）。

②狩猎（动物）制品，动物制品例如象牙、鲨鱼鳍、动物遗骸，或动物副产品或非人类使用的提取物，被 CITES 法规（《濒危野生动植物种国际贸易公约》）或当地法律禁止的。

③人体遗骸或任何形式的骨灰。

④金银（任何贵金属）。

⑤现金（银行票据、现金纸币、硬币），旅行支票和已激活的信用卡。

⑥失去价值以及不完整价值的宝石（切割或未切割的，抛光或未抛光的）。

⑦完整的枪支、弹药、爆炸物、爆炸装置，包括惰性炸药或测试样本，以及气枪、复制或仿制枪支或弹药。

⑧违法货物，例如违禁药物，包括但不限于麻醉兴奋剂、镇静剂或致幻剂等。

部分物品则要在有 DHL 许可的情况下才可以被运输，如古董、工艺品和单品价值超过 500 000 欧元的艺术品、快件价值超过 500 000 欧元的金融和货币商品、单品价值或快件总价超过 2 000 欧元的纪念币或奖牌以及高价值收藏品等。

> **知识扩展** 国内快递商跨境物流服务
>
> 目前，国内部分快递服务商也能提供部分国家和地区的跨境物流服务，以顺丰国际为例，其提供国际电商专递-CD（专为跨境电商卖家提供的跨境物流专线产品）、顺丰国际小包（为跨境电商 B2C 卖家发送 2 千克以下包裹而推出的一款高品质的小包类服务）等物流服务。跨境电商卖家可根据自身实际情况选择适合自己的物流服务商。

2.2.4 跨境专线运输物流

专线物流是通过专一的物流线路运输，再由合作公司派送目的国的一种物流模式。专线物流的优势在于能将货物集中、大批量运输至指定目的地，能够降低运输成本。专线物流主要涵盖以下三类专线：

空运专线：从国内到某一国家的特定航空航线，运输时效快，但在专线物流中费用最高。

海运专线：具有承载量大、费用低的特点，但运输时效比较慢，能够满足大量订单的需求，比较适合大批量货物的跨境运输。

铁运专线：对我国跨境电商来说，主要是针对中欧之间的特定路线运输，费用和时效处于中列，具有稳定可靠、时间准确性高的优势，能够适应不同批量和规模货物的运输需求，但对运输地区的限制较高。

目前，国际专线物流基本上覆盖了热门的对外贸易国家和地区，如中俄专线（中国→俄罗斯）、中澳专线（中国→澳大利亚）、中美专线（中国→美国）、中欧专线（中国→欧洲地区国家）等。

能提供跨境专线物流运输服务的物流公司有很多，在选择时需要考虑时效性、费用价格、安全性、诚信度和服务。不同的专线物流服务商，在价格、时效、服务上都有所区别，跨境电商卖家需要多对比。

2.2.5　海外仓储模式运输

国际邮政运输、国际商业快递和跨境专线物流都属于直邮模式，由跨境物流服务商提供门到门的全流程服务。海外仓模式与直邮模式的不同之处在于由跨境物流服务商提供门到海外仓的半程服务，再通过海外本土的运输方式将商品运输到消费者手中。两种模式运输流程对比如图 2-24 和图 2-25 所示。

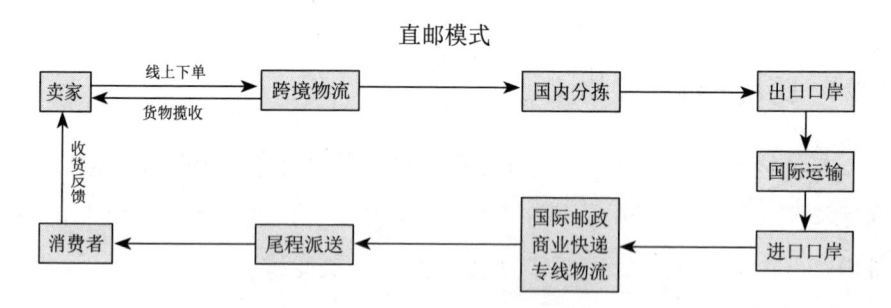

图 2-24　直邮模式运输流程

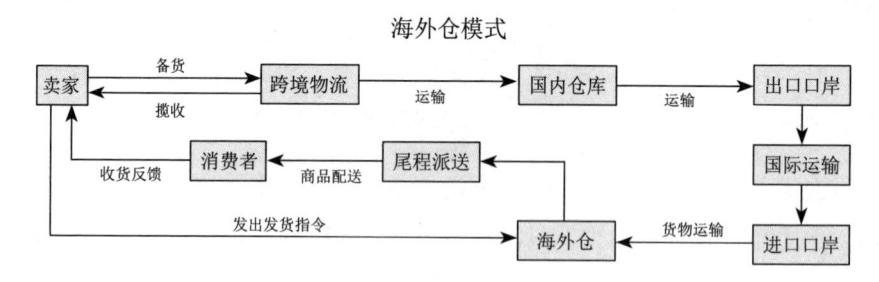

图 2-25　海外仓模式运输流程

通过图 2-24 和图 2-25 可以看出直邮和海外仓模式的区别。海外仓模式的运输过程可分为三步：

头程运输：将卖家所备货物运输到国内集货仓，货物到达目的港清关后,将货物送至海外仓。

仓库管理:海外仓储货物库存管理。

尾程运输:海外买家下单后,卖家发出发货指令,由本地快递派送到买家手中。

海外仓模式能极大地降低成本,提高物流时效,给消费者带来更优质的体验。海外仓的种类主要分为三种:

平台海外仓:是依托跨境电商平台建立的仓储配送物流体系,如亚马逊 FBA 仓,由亚马逊卖家将货物提前备货至亚马逊海外仓库,买家下单后亚马逊负责直接将货物派送至客户手中。

第三方海外仓:是由第三方企业(多数为物流服务商和货代服务商)建立并运营的海外仓,可为多家跨境电商企业提供清关、配送等服务。

自营海外仓:是由卖家自己建造的海外仓库,优势在于仓库管理更灵活,但需要卖家自行解决仓储、报关、物流运输等问题。此类海外仓一般由大型电商企业或大型进出口企业设立。

对跨境电商卖家来说,比较重要的是判断产品是否适合海外仓模式,一般来说,收益低、不畅销、存储费用高、配送成本高的产品,以及季节性、区域性的容易导致库存积压的产品不太适合海外仓模式。海外仓更适合价格高、毛利润高的优质产品,以及销售周期短的热销产品。

自发货和海外仓发货各有优势,自发货下卖家不用担心货物在海外仓出现滞销,而海外仓发货拓宽了货物的品类,一定程度上能降低物流运输费用,跨境卖家可结合自身实际选择适合的发货方式。

2.3　产品快速通关知多少

商家或企业要加入跨境电商行列,有必要了解跨境电子商务企业资质要求、备案流程、出口货物退税以及相关注意事项。

2.3.1　办理跨境电子商务企业备案

需要进行跨境电商企业备案的主体有三类：一是跨境电子商务平台企业、物流企业和支付企业等参与跨境电子商务进口业务的企业；二是境外跨境电子商务企业的境内代理人；三是跨境电子商务企业、物流企业等参与跨境电子商务出口业务的企业。

企业可通过中国国际贸易单一窗口或"互联网+海关"政务服务平台办理备案。以中国国际贸易单一窗口为例，初次使用的用户需要进行注册，已经拥有账号的用户可直接登录，持电子口岸卡介质用户无须注册，可直接使用"卡介质方式"登录。注册时根据自身情况选择注册方式，如图2-26所示。

图 2-26　选择注册方式

完成注册后登录账号，进入"标准版应用/企业资质/企业资质"页面，填写相关信息并向所在地主管海关提出备案申请，如图2-27所示。

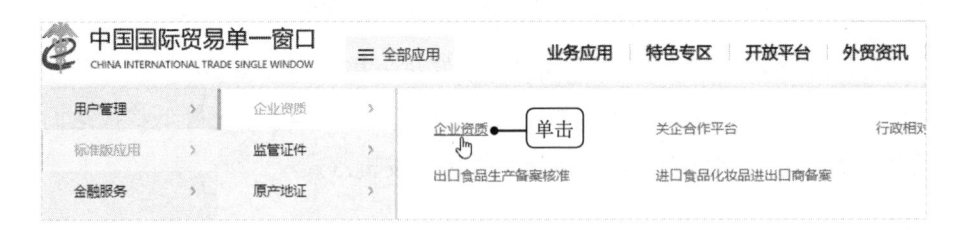

图 2-27　企业资质备案

跨境电子商务企业备案审核的时间一般是三个工作日，可以登录单一窗口"企业资质/申请单查询"页面查询备案申请受理情况。另外，也可以通过"中国海关企业进出口信用信息公示平台/跨境电子商务企业名录"

页面，查询企业备案公开信息。

2.3.2 海外仓企业登记申报

开展出口海外仓业务的跨境电商企业，应为已在海关办理注册登记且企业信用等级为一般信用及以上的跨境电子商务企业。符合开展跨境电商出口海外仓（9810）业务的跨境电子商务企业需进行海外仓备案，备案需要提交的资料如下：

①跨境电商海外仓出口企业备案登记表（简称备案登记表）。

②跨境电商海外仓信息登记表（简称海外仓登记表）。

③海外仓证明材料，包括海外仓所有权文件（自有海外仓）、海外仓租赁协议（租赁海外仓）和其他可证明海外仓使用的相关资料（如海外仓入库信息截图、海外仓货物境外线上销售相关信息）等。

④海关认为需要的其他材料。

海外仓企业备案同样可以通过中国国际贸易单一窗口办理。

实务范例 在线进行海外仓企业信息登记

具备跨境电商企业资质的用户可登录"中国国际贸易单一窗口"，单击"口岸执法申报／跨境电商／出口申报"超链接，进入系统界面，如图2-28所示。

图 2-28 进入系统界面

进入"跨境电商出口"页面，单击"海外仓企业登记录入"选项卡，在打开的页面中填写海外仓企业登记信息并上传附件，如图2-29所示。

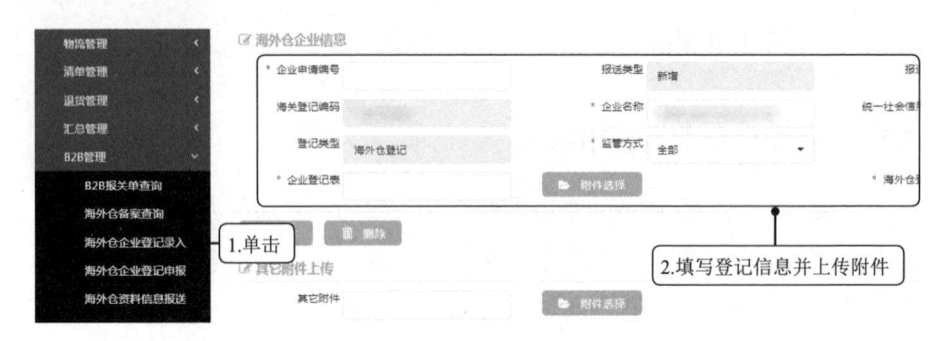

图 2-29　填写海外仓企业登记信息

完成信息填写后，单击"申报"按钮提交信息。提交后，可进入海外仓企业登记申报页面查询报送状态，在查询结果页面单击单条数据信息可进入详情页面，如图 2-30 所示。

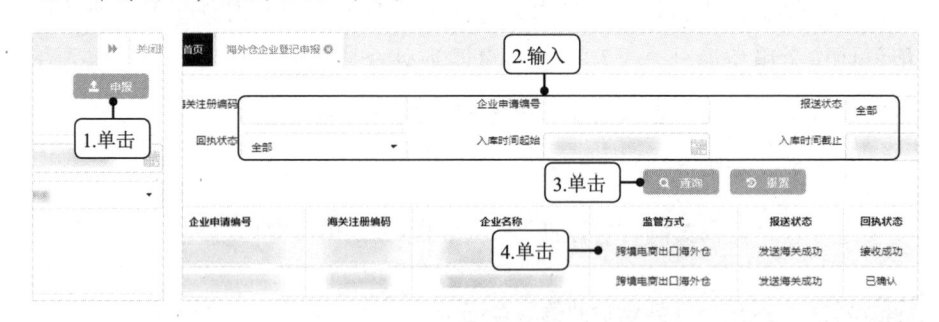

图 2-30　海外仓企业登记申报查询

在打开的页面中可查看到海外仓企业详情页面，如图 2-31 所示。

图 2-31　海外仓企业详情页面

海外仓仓库资料信息可进入海外仓资料信息报送页面进行填写并申报，

单击"新增"按钮，在下方填写信息，填写完成后单击"申报"按钮，如图2-32所示。

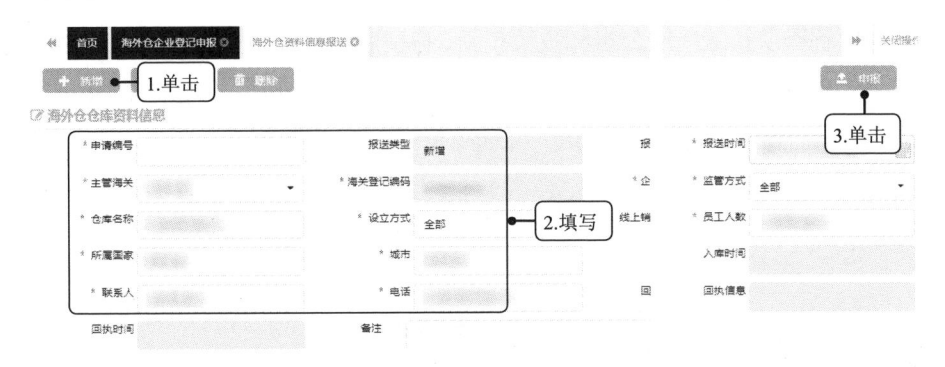

图 2-32　海外仓资料信息报送

若要查询海外仓资料信息，可进入海外仓资料信息查询页面，输入查询条件，单击"查询"按钮查询，如图2-33所示。

图 2-33　海外仓资料信息查询

2.3.3　了解不同国家海关政策要求

不同国家海关政策和规定存在差异，对于跨境电商新手卖家来说，为避免不必要的风险和损失，在开展跨境电商出口业务之前，需要了解目标市场国家海关的相关政策，包括禁运品种、清关要求和关税等。具体可通过相关国家海关官方网站查询，另外，也可以咨询合作的清关公司、物流公司或跨境电商平台，以确保货物符合目标国家进口规定。

以美国为例，可进入美国海关官方网站，查询关于进出口贸易的相关政策，如图 2-34 所示该网页主要是为用户提供与电子商务相关的信息、常见问题解答以及最新的公告和政策更新，特别是与进出口贸易相关的内容。其中"Trade"（贸易）、"Basic Importing and Exporting"（基本进出口）、"E-Commerce"（电子商务）、"Latest E-Commerce Announcements"（最新的电子商务公告）。

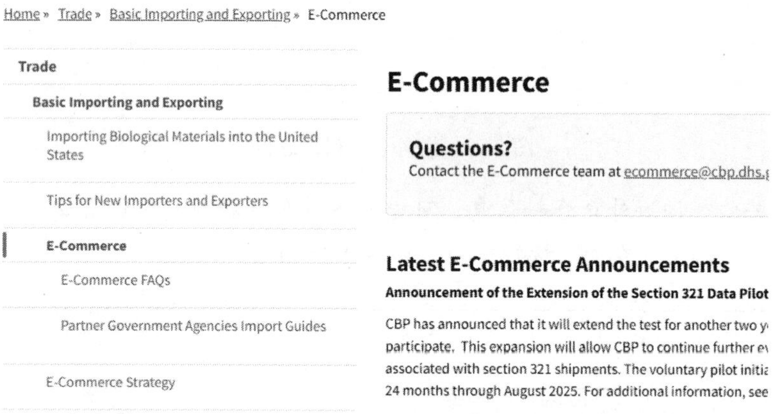

图 2-34　美国海关网站信息

另外，各国海关针对进口商品通关所需的资质、提交材料要求也不同。因此，在货物出口前，需准备好相关资质材料，特别是一些高风险产品，尤其要注意海关的相关特殊要求，提供完整、准确的资质证明和材料文件能加快通关速度。

自发货跨境卖家若不清楚需要准备哪些材料文件，以及如何处理海关问题，可咨询合作的货代，他们对于目标国家的海关法规和流程都很熟悉，能提供很多帮助。

2.3.4　跨境电商出口退税应具备的条件

根据我国跨境电子商务零售出口税收政策，电子商务出口企业出口货物[财政部、国家税务总局明确不予出口退(免)税或免税的货物除外]，同时符合下列条件的，适用增值税、消费税退(免)税政策：

①电子商务出口企业属于增值税一般纳税人并已向主管税务机关办理出口退(免)税资格认定。

②出口货物取得海关出口货物报关单(出口退税专用)，且与海关出口货物报关单电子信息一致。

③出口货物在退(免)税申报期截止之日内收汇。

④电子商务出口企业属于外贸企业的，购进出口货物取得相应的增值税专用发票、消费税专用缴款书(分割单)或海关进口增值税、消费税专用缴款书，且上述凭证有关内容与出口货物报关单(出口退税专用)有关内容相匹配。

电子商务出口企业出口货物，不符合上述规定条件，但同时符合下列条件的，适用增值税、消费税免税政策：

①电子商务出口企业已办理税务登记。

②出口货物取得海关签发的出口货物报关单。

③购进出口货物取得合法有效的进货凭证。

电子商务出口货物适用退(免)税、免税政策的，由电子商务出口企业按现行规定办理退(免)税、免税申报。

需要注意，适用以上退(免)税、免税政策的电子商务出口企业，是指自建跨境电子商务销售平台的电子商务出口企业和利用第三方跨境电子商务平台开展电子商务出口的企业。不包括为电子商务出口企业提供交易服务的跨境电子商务第三方平台。

为进一步促进跨境电子商务健康快速发展，财政部、税务总局、商务部、海关总署联合发布了《关于跨境电子商务综合试验区零售出口货物税收政策的通知》（财税〔2018〕103号），通知规定，对综试区电子商务出口企业出口未取得有效进货凭证的货物，同时符合下列条件的，试行增值税、消费税免税政策：

①电子商务出口企业在综试区注册，并在注册地跨境电子商务线上综合服务平台登记出口日期、货物名称、计量单位、数量、单价、金额。

②出口货物通过综试区所在地海关办理电子商务出口申报手续。

③出口货物不属于财政部和税务总局根据国务院决定明确取消出口退（免）税的货物。

这一政策也被称为"无票免税"政策，综试区是指经国务院批准的跨境电子商务综合试验区。电子商务出口企业是指自建跨境电子商务销售平台或利用第三方跨境电子商务平台开展电子商务出口的单位和个体工商户。

符合条件的跨境电子商务企业可通过当地电子税务局、中国国际贸易单一窗口办理出口退税业务。生产企业和外贸企业办理出口退税的流程有一定区别，以中国国际贸易单一窗口为例，登录中国国际贸易单一窗口后，需要选择系统，如图2-35所示。

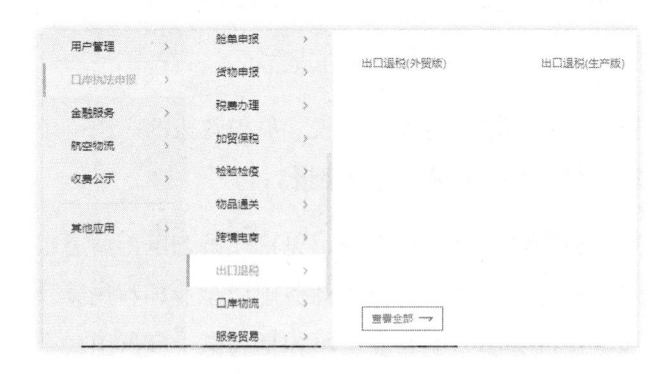

图2-35 选择系统

出口退税外贸版业务流程大致为：系统配置信息→数据管理→报关单管理→发票管理→数据匹配→退税数据管理→申报数据明细管理→待申报

数据管理→申报数据自检管理→申报结果查询→确认申报数据。图 2-36 为确认申报数据管理页面。

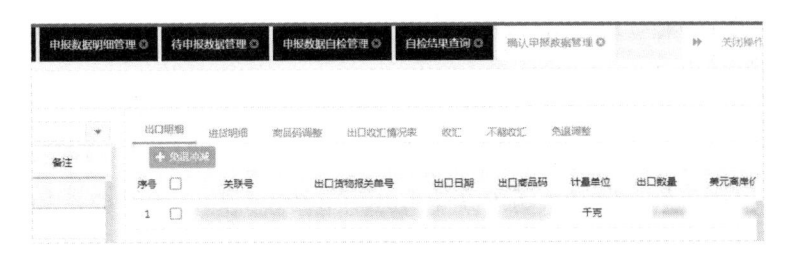

图 2-36　确认申报数据管理页面

需要注意，符合条件的跨境电子商务企业应在办理出口退税备案后，再办理出口退税申报业务，在中国国际贸易单一窗口也可以办理退（免）税备案。

另外，根据《国家税务总局关于进一步便利出口退税办理 促进外贸平稳发展有关事项的公告》（国家税务总局公告 2022 年第 9 号）规定，纳税人应在申报出口退（免）税后 15 日内，将相关备案单证妥善留存，并按照申报退（免）税的时间顺序，制作出口退（免）税备案单证目录，注明单证存放方式，以备税务机关核查。表 2-8 为备案单证内容。

表 2-8　备案单证内容

序号	备案单证内容
1	出口企业的购销合同，包括出口合同、外贸综合服务合同、外贸企业购货合同、生产企业收购非自产货物出口的购货合同等
2	出口货物的运输单据，包括海运提单、航空运单、铁路运单、货物承运单据、邮政收据等承运人出具的货物单据，出口企业承付运费的国内运输发票、出口企业承付费用的国际货物运输代理服务费发票等
3	出口企业委托其他单位报关的单据，包括委托报关协议、受托报关单位为其开具的代理报关服务费发票等

纳税人若无法取得上述单证，可用具有相似内容或作用的其他资料进行单证备案。除另有规定外，备案单证由出口企业存放和保管，不得擅自

损毁，保存期为五年。

2.3.5　涉税风险及防范策略

对于众多跨境电商企业来说，税务风险尤为重要，如何规避这些风险是企业需要重视的。首先，跨境电商企业应熟悉进出口相关税收政策，其次，应保证财税合规。做好这两点就能有效防范涉税风险。那在实务中跨境电商企业要如何走好财税合规之路呢？可从以下几方面入手：

（1）建立合规的资金回款渠道

有些跨境电商卖家会通过个人账户收款，以规避企业所得税，随着税务稽查大数据的发展，借助信息化手段，税务局的监管和核查将会越来越强大和精准，企业违规的成本只会越来越高。因此，跨境电商企业应建立合规的资金回款渠道，如通过第三方支付合规回款到对公账户，或者通过银行机构回款至对公账户。

（2）合规处理账务和税务

在财务方面，跨境电商卖家应合规做账，跨境电商的经营可能会涉及多个国家和地区，应建立清晰的账户结构，既便于跟踪和管理不同区域的资金流动，同时也为税务申报和审计提供便利。

在税务方面，应合规遵循相关税收法规，建立健全税务管理制度，加强内部管理和控制，规范纳税行为，避免因管理不善而引发税务风险。另外，也可以委托专业的税务顾问对企业的税务合规工作进行审查和评估。

（3）合法合规税务规划

目前，国家针对跨境电商企业也出台了一系列的税收优惠政策和扶持政策，对每一个跨境电商企业来说，了解这些优惠政策，按照政策规定享受税收优惠也是税务规划的重要部分。

根据《中华人民共和国税收征收管理法》规定，纳税人伪造、变造、隐匿、擅自销毁账簿、记账凭证，或者在账簿上多列支出或者不列、少列收入，或者经税务机关通知申报而拒不申报或者进行虚假的纳税申报，不缴或者少缴应纳税款的，是偷税。对纳税人偷税的，由税务机关追缴其不缴或者少缴的税款、滞纳金，并处不缴或者少缴的税款百分之五十以上五倍以下的罚款；构成犯罪的，依法追究刑事责任。

纳税人、扣缴义务人编造虚假计税依据的，由税务机关责令限期改正，并处五万元以下的罚款。纳税人不进行纳税申报，不缴或者少缴应纳税款的，由税务机关追缴其不缴或者少缴的税款、滞纳金，并处不缴或者少缴的税款百分之五十以上五倍以下的罚款。

总之，跨境电商企业应全面了解税收政策，认真对待税务合规问题，避免税务不合规行为。

2.3.6　遇到海关查验与扣货怎么办

对跨境电商来说，在提高通关效率后如何减少查验被扣货的风险也是至关重要的。每年都会有大量中国的货品被目的国海关查扣，这也提醒着跨境卖家做好预防工作，以降低被扣货的风险。

海关对货物的查验主要有三种方式，彻底查验、抽查和外形核查，海关并不会无缘无故扣货，货物之所以会被海关扣押，可能存在以下问题：

①产品涉嫌侵权，如是违反当地知识产权法的假冒商品。

②申报价值和估价不一致，如跨境电商卖家为减少税款支出，而将货物价值申报得过低。

③特殊产品没有提供相关认证或者检测证书，如发往欧盟的大多产品是需要 CE 认证的，无合格 CE 标识的产品可能会被直接扣货。

④货物品名、数量与产品实际不符，如产品总数量少报。

⑤货物属于目的国家或地区的禁运品。

⑥装箱单不详细，报关文件不齐全。

⑦违反了目的国相关政策。

货物若无法顺利清关，可能面临被退回或销毁等情况，对跨境电商卖家来说这无疑会带来损失。那么要如何预防扣货风险呢？可从以下几点入手：

①熟悉目的港海关政策，在货物出货前检查产品是否合规，确保货物符合进口的要求。

②委托有实力、有信用、服务质量好的物流服务商，以降低风险。

③了解进口国有无相关强制性认证标准，确保产品符合要求。另外，还需确保证书出具机构是出口国认可的，要选择拥有正规资质的机构或企业。以欧盟 CE 认证为例，出具证书的认证机构应是经过欧盟或其成员国认可或注册的。

④准确填写货物清单，填写完成后最好认真核对，避免出错。

⑤了解出口国知识产权法，出货检索商标专利以及外观设计，了解商标注册情况，判断产品是否可能构成侵权，或者在出口前委托中介进行检索。

以上方法只能降低被海关扣货的风险，如果货物出现了被扣的情况，也要清楚如何处理。

首先，可与买家取得联系，看客户能否协助清关。如果客户无法协助，可找经验丰富的代理清关公司帮忙，尽可能减少损失。

其次，要积极配合目的港海关的工作，海关在扣货后一般会说明扣货原因，卖家要了解原因，若要求提交相关材料则按要求补齐，若是缺少某项认证，则尽快补办提交。

涉嫌侵权货物一般可进行申诉或者举证，这种情况下可找当地进口商或者律师帮助处理。

第3章

电商运营，聚焦经营和资金管理

想要做好跨境电商，就不能忽视店铺经营和资金管理这两项基本工作。对于很多新手跨境电商来说，在交易结算、备货、订单处理和客户沟通方面可能会面临一些问题，这些问题会对店铺的持续运营带来影响，需要引起重视。

3.1　跨境电商支付方式

跨境电商是通过电子商务平台实现交易和支付结算，因此，选择安全便捷的跨境支付结算系统尤为重要。随着跨境支付解决方案的不断完善，可供选择的跨境支付方式也在增多。

3.1.1　PayPal，适用零售行业支付方式

PayPal（贝宝）是跨境电商交易一种重要的支付方式，支持全球市场上大多数主流国家和地区的币种，如美元、英镑、欧元和日元等。在欧美地区，PayPal 的支付接受程度相当高，是大多数消费者网购首选的支付工具。因此，针对欧美市场的跨境卖家可选择 PayPal 作为收款方式。

PayPal 有非常完善的买家保护机制，这也是 PayPal 深受欧美用户信赖的原因之一。但是这一保护机制也会给卖家带来很大不便，比较常见的就是资金冻结，一旦买家付款后又提出申诉，为了保证买家利益，PayPal 会冻结资金。少数买家可能会利用这个机制进行欺诈，卖家面临的风险损失也会比较大。

PayPal 分为个人账户和企业（商家）账户，个人账户用于交易支付、企业账户专注跨境贸易，能为商家提供多种收款方案，包括网站收款、电商平台收款、B2C 零售业务商户收款、B2B 商户收款和电子邮件收款等。

要使用 PayPal 作为收付款工具，需要注册 PayPal，注册企业账户需要提供以下材料：

①企业所有者信息（需与营业执照上的法定代表人信息一致）。

②营业执照扫描件。

③法定代表人身份证明。

成功注册企业账户后，即可获得收付款、发送账单等功能。虽然

PayPal 是国外普及率比较高的支付工具，但对国内跨境电商卖家来说，使用 PayPal 作为收款工具也存在一些缺点，如将外币提现为人民币手续繁杂；一旦出现纠纷，卖家将面临较大的风险损失。下面来看看商家使用 PayPal 时常见的一些问题和应对策略。

（1）账号限制

账户限制即企业账户受到限制，表明 PayPal 可能需要暂时限制该账户的提款、发款或收款功能。企业账户受到限制的原因一般有以下几种：

①账号可能存在未授权使用的情形，如果 PayPal 认为该账户未经同意而被他人擅自使用，在 PayPal 调查相关可疑活动期间，该企业账户可能受到限制。

②账户不符合 PayPal 政策或外部监管要求，如果企业账户涉嫌违规活动，需要证明使用行为未违反 PayPal 合理使用政策、外部监管规定或相关法律法规，在收集相关资料期间，PayPal 可对企业账户施加限制。

③账户补偿申请或退单率过高，如果企业账户存在大量退单或补偿申请过多的情形，PayPal 可能会审查账户。审查期间，相关账户的功能可能受到限制。

④账户销售活动短期快速变化，比如一夜之间改头换面销售全新产品，尤其是高端产品，或销售量短期内出现快速增长，PayPal 可能会审查企业账户。审查期间，相关账户的功能可能会受到限制。

⑤账户需要提供补充证明材料，PayPal 可能需要某些企业账户提供财务资料，以便完成对相关账户的处理。在某些情况下，PayPal 将通过账户受限的方式引起账户持有人的关注，促使其提交必要的文件。

若企业账户被施加了限制，可登录 PayPal 账号，在"调解中心"查看账户受限的原因，根据 PayPal 提出的相关要求进行处理，如提交付款信息、发货证明和身份证明等。

（2）补偿申请

如果客户与商家产生争议且20日内无法解决，争议将升级至PayPal层面，补偿申请由此而生。导致客户提出补偿申请的原因有多种，如未收到所购物品、物品与描述明显不符、客户未授权交易等。

客户提出补偿申请后，交易资金将暂时被冻结。需要特别注意，如果商家未在规定时间内做出有效回应，则补偿申请将自动结案且买家将获得相应金额的退款。因此，商家最好尽快回应客户的诉求。在补偿申请解决期间，PayPal可能会要求商家提供相关信息和证据，如发货证明、送达凭证、产品或服务与相应描述并无本质不同的证明等。

如果商家不认可补偿申请的裁决结果，可以在"调解中心"提出申诉，如果申诉成功，PayPal会将冻结资金解付至企业账户。

（3）退单

退单是指消费者取消订单后，发卡银行将本应转入商家账户的交易款项退还给消费者的行为。这是一种消费者保护措施，如果商家通过PayPal接受信用卡付款，就可能遇到退单问题。

退单与补偿申请不同，退单是由客户直接向支付卡的发卡行提出的，要求银行代其撤销已完成的订单，所以，退单受发卡行的规定约束。商家若遇到退单问题，可通过"调解中心"提交申请，PayPal的退单专员会帮助创建案件，并代为向发卡行申诉。另外，跨境卖家也可以通过一些有效措施来降低退单风险：

①在交易中拒绝可疑订单，提高风险防范意识，强化网络安全。

②若客户是因为未收到所购物品而退单，可向快递公司索取送达凭证，作为已交付货物的证明。

③持续追踪要求退单的客户，留意其是否存在其他可疑行为，如重复

购买、异常的大额订单等，预防买家的恶意退单。

④在购买页面详细写明支付事项，以及买家需要遵守的付款规定，尤其是需要付费订阅的情形。

3.1.2 信用卡，安全快捷的付款方式

在国外，信用卡支付很普及，且用户群体非常庞大，全球很多大中型跨境电商网站也都支持信用卡这种支付方式。国际上的信用卡品牌有 Visa、MasterCard、American Express、JCB、Diners Club 等，其中，使用广泛的是 Visa 和 MasterCard。

信用卡支付简单便捷，也符合国外消费者的习惯，因此，是当前跨境电商平台很常见的支付方式。不过信用卡支付也有一定的成本和风险，信用卡支付存在更高的交易费用，许多信用卡机构会向商家收取手续费，这在一定程度上会降低商家利润。另外，信用卡也存在盗刷、信息泄露等风险，这可能给商家带来不必要的交易纠纷。

卖家在接受信用卡支付收款前，需要考虑以下几点：

①跨境电商平台是否支持信用卡支付以及接受的信用卡种类。

②信用卡在目标市场的普及度，部分地区信用卡持卡率很低，以及是否支持当地货币。

③地区不同，信用卡的交易费率也不一样，卖家需要考虑提现手续费和汇率转换费用等，这些费用需要事先了解清楚。

④收款速度和安全性也是需要考虑的，包括入账时间、结算时间和交易的可靠性。

跨境卖家可以与有良好信誉的国际信用卡组织、海外银行或第三方支付机构、跨境信用卡收款服务提供商合作，确保收款过程安全可靠。

3.1.3　国际支付宝，海外结算收付工具

国际支付宝主要面向境外消费者和商家，支持信用卡、借记卡、T/T银行汇款等多种支付方式，对于运营速卖通平台的跨境卖家来说，支付宝是主要付款方式之一，国内卖家在开店时也需要进行支付宝授权认证。

在速卖通中，拥有国际支付宝资金账户是店铺成功交易和资金提现的前提。对于已经拥有支付宝的国内卖家来说，无须再另外申请国际支付宝账户，在申请入驻开店时，只需绑定已有的支付宝账号即可。

不过，对于速卖通卖家来说，还需要了解放款相关事项。速卖通资金账户分为国际账户（销往俄罗斯以外地区的收入资金账户）和销往俄罗斯的收入资金账户，两个区域的资金账户都拥有美元和人民币两个币种的账户，账户类型取决于在开立店铺时选择的商品报价币种。

其中，国际资金账户主要展示该账号绑定的国际支付宝账户资金情况，包含支付宝国际账户余额、冻结资金和店铺的待结算资金。AE俄罗斯资金账户主要展示该账号下待结算资金和待平台付款金额。速卖通订单放款分为普通放款和提前放款，两种放款方式的介绍如下：

普通放款：一般情况下，速卖通将在交易完成、买家无理由退货保护期届满后向卖家放款，即买家确认收货或系统自动确认收货加15个自然日（或平台不时更新并公告生效的其他期限）后。

提前放款：速卖通根据系统对卖家经营情况和信用进行综合评估（例如经营时长、好评率、拒付率和退款率等），可决定为部分订单提供交易结束前的提前垫资放款（"提前放款"）。提前放款在发货后的一定期间内进行，通常5天至7天，最快放款时间为发货3天至5天后。

卖家账号清退或主动关闭的，针对账号被清退、关闭前的交易，为保证消费者利益，平台在订单发货后180天放款。若速卖通依据法律法规、双方约定或合理判断，认为卖家存在欺诈、侵权等的，速卖通有权视具体

情况延迟放款周期，并对订单款项进行处理，或冻结相关款项至依据消除后。卖家可通过速卖通后台"资金中心"页面查询订单放款记录。

注意，因相关订单发生纠纷、买家无理由退款或其他原因导致卖家需要向买家退还货款，而速卖通已为该订单提前放款的，速卖通有权从卖家支付宝国际账户、速卖通账户直接进行划扣或做相关赔付；不足赔付部分（如有），速卖通有权从放款保证金中直接划扣，仍不足赔付的，速卖通及买家有权继续向卖家追索。

对卖家来说，提前放款能帮助减轻现金流压力，提高资金利用效率，但并非每个卖家的每笔订单都可享受提前放款。如果任何订单存在速卖通认定的异常、或卖家经系统判断不符合享受提前放款情形的，平台有权不进行提前放款。无法享受提前放款的订单包括但不限于以下情形：

①订单卖家综合经营（纠纷率、退款率、好评率等）情况不佳或数据很少（如经营时间不超过三个月等）。

②卖家违反平台规定进行交易操作的。

③卖家有违反协议及速卖通相关规则的行为。

3.1.4 跨境电商其他支付方式

在跨境电子商务交易中，收付款方式多种多样，下面来看看其他一些支付方式。

（1）借记卡支付

借记卡与信用卡支付类似，只是消费者在支付时使用账户余额进行支付，而不是信用额度。

（2）电汇

电汇（TT/wire transfer）适合用于汇款金额大、紧急的交易付款，由付款人将一定款项交存汇款银行，汇款行应汇款人的申请，以电传、电报等方式指示汇入行向收款人支付一定金额的一种付款方式。

电汇具有速度快、安全性高、快速便捷等优点，但电汇的手续费较贵，因此，通常在紧急情况下或汇款数额很大时才使用。

（3）西联汇款

西联汇款（Western Union）是国际汇款公司，具有到账迅速、安全性高的优点。另外，西联汇款采用先付款后发货的付款方式，能够保障商家利益，但这也容易引起消费者的不信任。

跨境电子商务交易的支付方式不局限于以上这些，各平台也会结合所运营的地区，根据当地的支付习惯来提供不同的交易支持方式。因此，卖家可在选定平台和目标市场后，结合平台开放的支付方式和自身实际选择合适的收付款方式。

> **知识扩展** 跨境电商交易分期付款
>
> 　　分期付款是一种交易付款方式，对消费者来说，这种付款方式能够缓解经济压力，让自己提前买到心仪的商品，因此，很多跨境电商平台也为消费者提供了分期付款服务。对商家来说，可根据商品价格、生产周期等因素来考虑是否提供分期购买服务。

3.2　备货与库存盘活资金链

对于大部分跨境电商卖家来说，商品备货会占用大部分的资金，货物库存与资金流息息相关，库存管理问题避无可避，可以说，管好库存是跨境电商卖家要具备的一项重要基本功。库存管理是供应链管理的一环，合理备货和优化库存能有效避免出现资金链断裂、库存积压和断货等问题。

3.2.1 建立销售端和采购端联动机制

从供应链环节来看，货物会经历从生产厂家→仓库→物流运输→买家手中的流程，其中会涉及货物的销售和采购。在该流程，很多新手商家常常会遇到两大问题。

（1）库存不足，影响店铺销售

对于跨境电商来说，如果库存不足，货物数量无法匹配订单需求，店铺会出现断货情况，如果买家支付了订单货款，则可能带来大量退款、发货不及时等问题，给买家留下不好的购物体验。另外，断货也会影响店铺的经营绩效，导致买家对店铺和产品的满意度降低。

（2）库存过剩，影响经营效益

商家备好货后，货物一般会存放在仓库中，这部分库存需花费资金和人力进行管理，如果库存过剩，不仅会占用大量资金，还会加剧库存损耗，增加管理费用，甚至导致店铺陷入销售困局中。

由此可见，合理备货、管理好库存对跨境电商具有重要意义。商家可建立销售端和采购端联动机制，提高管理水平，实现精益供应链管理。具体可从以下方面入手：

销售端：结合店铺销售反馈、用户评价和品类历史销量等数据估算商品的合理备货量，并将数据反馈给采购端，以提升采购的决策效率和精准度。

采购端：制订合理的采购计划，在时间和数量上做好采购管理，不能单凭经验采购，同时把控好采购质量。

库存端：科学设置安全库存，保持良好的库存周转。商家若同时拥有本地仓、海外仓、FBA仓，那么库存管理难度会更大，这时可以考虑使用仓储管理系统来对库存进行管理，提高管理效率。

3.2.2　合理备货有效防范产品积压

备货是需要成本的，再加上跨境电商链路长，回款相对较慢，对资金的占用会更加严重。对大多数中小跨境卖家和新手卖家来说，无论是出于降低整体成本，还是盘活资金链的目的，合理备货都相当重要。

部分卖家在面对库存积压问题时，常常采用低价清库存的方法，但这一方法只能降低损失，实际上治标不治本。要有效防范产品积压，应从源头——备货环节切入。那么商家要如何科学备货呢？在备货前，需要考虑以下几个因素：

订货周期：商家与供应商订货也有周期，供应商交货期、延迟发货期应算进备货天数中。

备货资金：资金的多少决定了备货量的大小，在销售旺季一般需要多备一点货，这时需保证备货资金充足。

物流时效：跨境电商备货还需要考虑物流时效，国际物流所用时间比较长，因此物流时效需考虑到备货周期中。

日均销量：不管是新品还是热销品备货，都需要评估产品的日均销量，通过日均销量来预估产品的备货数量。

安全库存：安全库存是为防范未来货物供应或需求的不确定性因素而准备的缓冲库存，为保证库存的安全性，备货需考虑安全库存量。

具体备货时，新品和热销品在销售数据分析上会有区别。新品由于没有店铺历史销售数据参考，所以可通过分析竞品的销售数据来做备货预测。在选择竞品时，不建议选择销售排名靠前的老链接，这类链接所展现的销售数据相对会比较稳定，且销量通常都较高，参考意义不大。

可选择上架时间不长的竞品，查看其月销量、日销量、上架时间、用户评价和排名等数据，通过竞品销量数据来预测第一批次的备货数量，

图 3-1 为亚马逊某款商品的详情页信息。

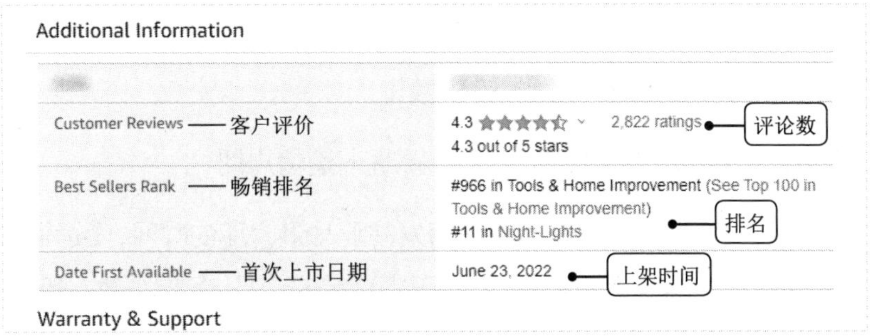

图 3-1　产品详情页

对店铺的热销品，可结合历史销售数据来做备货预测，历史销售数据可在商家后台查看。另外，对于季节性较强的商品，可参考去年同期数据；季节性不强的商品，可以参考近期销量数据。

每年的实际销售情况并不会与往年销售数据完全一致，因此，历史销售数据不能完全借鉴，卖家可以预测增长率，以了解销售趋势，常用公式如下：

同比增长率 =（本年度同期销售数量 − 去年同期销售数量）÷ 去年同期销售数量 ×100%

通过计算同比增长率来了解今年的销量与去年同期相比是否有增长，假设数据结果为增长 50%，那么备货量也需要调整。

月增长率 =（本月销量 − 上月销量）÷ 上月销量 ×100%

通过计算月增长率来了解本月销售与前一个月相比是增长还是缩减，以此来预测下一个月的销量情况。

在预测备货数量时，也有公式可以运用，公式如下：

一般备货量 = 平均日销量 × 备货天数 ×（1+ 增长率）− 现存库存量 + 安全库存量

平均日销量 = 某时间段销售总量 ÷ 天数

FBA 备货数量 = 平均日销量 × 备货周期 × 备货系数 − 库存

库存 =FBA 在库库存 + 运输途中数量

FBA 备货周期 = 采购周期 + 生产周期 + 运输周期

其中，运输周期是指货物从供应商发往亚马逊仓库的时间，受运输方式、距离、海关和物流等因素的影响。针对正常稳定的产品，备货系数一般为1.2，旺季可调高系数，如设置为 2 或 3，新品备货不适用该公式。

注意，以上公式不是万能的，仅能为备货提供参考，受各种因素的影响，跨境电商销售往往存在很大的不确定性，可能存在与计划出入很大的情况。另外，在销售旺季、促销季往往需要比淡季备更多货，因此，具体的备货数量仍需要视具体情况灵活确定。

3.2.3　安全库存量的设置

在电商销售中，常常会受各种因素的影响而导致预备库存量难以满足需求，这会影响正常的销售，所以在备库存量时一般会设置一个安全库存量。安全库存的计算方法有很多，如简单平均法、标准差方法、服务水平方法等，这里介绍适合跨境电商的安全库存计算方法。

设置安全库存的目的是应对供求和需求的不确定性，因此，可结合需求的不确定性、供应的确定性和有货率要求来衡量安全库存。

（1）需求的不确定性

在跨境电商销售中经常可以看到，产品的订单量并不会一成不变，而是波动的。这时，需要做的是量化需求的不确定性。

对于大部分产品来说，整体需求是相对稳定的，历史需求符合正态分布，因此，可以通过方差 / 标准差来估算未来需求的不确定性。比如用过去 20

周的销量来预测未来 20 周的需求。这里先统计过去 20 周的销量数据，然后计算标准差，见表 3-1。

表 3-1　销量数据统计

周序号	销售量（件）	平均值	差值
1	80	50.25	29.75
2	50	50.25	−0.25
3	40	50.25	−10.25
4	60	50.25	9.75
5	70	50.25	19.75
6	60	50.25	9.75
7	30	50.25	−20.25
8	50	50.25	−0.25
9	50	50.25	−0.25
10	60	50.25	9.75
11	70	50.25	19.75
12	30	50.25	−20.25
13	40	50.25	−10.25
14	25	50.25	−25.25
15	80	50.25	29.75
16	50	50.25	−0.25
17	30	50.25	−20.25
18	50	50.25	−0.25
19	50	50.25	−0.25
20	30	50.25	−20.25
标准差	16.32	—	16.32
备注：本案例中使用 STDEVP 函数计算标准差			

在计算需求的不确定性时要注意样本数据的大小，如果样本数太小，对需求预测的参考性可能会不高。对于跨境电商来说，可以选择一季度、三个月、半年或一年的销量数据，以周为数据点来计算。

从表 3-1 可以看出，销售量标准差和差值的标准差相等。因此，可以直接用该标准差来量化需求的不确定性，即需求预测标准差为 16.32，平均需求预测为 50.25，这里的需求标准差代表的是需求的变动性。注意，当需求很不稳定，或者需求很低的情况下，正态分布往往不合适。只有当需求相对稳定时，才用历史销量数据来代替需求预测。

另外，对于有明显季节性变化的产品，由于具有周期性变化特征，因此，一般可构建需求预测模型，根据预测的数据确定备货策略，而不是简单计算需求标准差。

（2）供应的不确定性

供应的不确定性一般指供应周期的不确定性，这里的供应周期指产品从采购到补货上架，以及消费者下订单到收到货物的日期（若只考虑交货周期，则只统计订单处理到消费者收到货时的数据）。大多数情况，供应周期是比较稳定的，因此，假设交期是服从正态分布的。这里统计 10 个历史订单的交期，然后计算标准差，见表 3-2。

表 3-2 交期数据统计

订单序号	交期（周）	平均值	差值
1	8	6.4	1.6
2	7	6.4	0.6
3	8	6.4	1.6
4	4	6.4	-2.4
5	9	6.4	2.6
6	8	6.4	1.6
7	5	6.4	-1.4
8	5	6.4	-1.4
9	3	6.4	-3.4
10	7	6.4	0.6
标准差	1.9	—	1.9

（3）有货率要求

有货率要求也被称为服务水平，可简单理解为当客户下订单后，多大概率有现成的库存来满足订单需求，服务水平可用以下公式：

服务水平 =1- 未按时履约的需求数 / 总需求数

假设总需求数为 100，未按时履约的需求数为 20，那么有货率为 1-20/100=80%。然后查看安全系数表，将服务水平（或缺货概率）转换成安全系数（在 Excel 中还可以使用 NORMSINV 函数转换安全系数）。

最后，结合需求和供应的综合标准差和安全系数来计算安全库存，安全库存计算公式如下：

$$SS = Z \times \sigma$$

$$\sigma = \sqrt{\frac{L}{FP} \times \sigma_F^2 + F^2 \times \sigma_L^2}$$

其中，SS 为安全库存；Z 为安全系数；σ 为综合标准差（需求+供应）；L 为平均供应周期；FP 为需求预测的时间单位（时间单位不同时需换算为统一单位，如换算为天）；σ_F 为需求预测的标准差；σ_L 为供应周期的标准差；F 为平均需求预测。

在实际应用时，常常会将该公式简化后进行计算，因为供应周期数据有时难以采集和统计计算，所以会假定供应周期是恒定的。这时综合标准差可简化为以下公式：

$$\sigma = \sqrt{\frac{L}{FP}} \times \sigma_F$$

掌握安全库存的计算方法更有利于跨境电商进行备货和库存管理，该方法是计算出一个基准的安全库存，然后根据具体情况来调整。实务中，还有其他方法可供应用，卖家可结合自身供应链的特点和需求情况选择适合的计算方法，常见的计算方法还有以下一些：

◆ 简单平均计算法

该计算方法计算起来比较简单，只考虑库存的平均消耗量和安全天数，计算公式如下：

SS= 平均销售量 × 安全天数

比如产品的平均销量为 20 件，需保证 30 天的安全销售，那么安全库存量为 20×30=600（件）。

◆ 最高平均库存计算法

如果某月产品销量暴增或者因为物流、外部环境等原因导致订单交货延迟太多，这会给安全库存的计算带来影响，此时为保证计算结果更符合实际，需要剔除部分特殊需求，计算如下公式：

SS= 单日最大销售数量 × 最长交货周期（日）− 单日平均销售数量 × 平均交货周期（日）

虽然安全库存的计算有理论公式可以应用，但并没有标准的设定方法。实务中，可根据店铺的历史销售数据，结合采购员的经验进行判断。在计算安全库存的时候一定要考虑实际情况，这样计算出来的结果才准确。

3.2.4 库存管理中的补货策略

大多数情况下，店铺的库存并不能做到随销随补，这时就需要在还有一定库存时提前订货，以避免缺货。在库存管理中，会用再订货点来明确启动补给订货策略时的货品单位数。

再订货点能够为补货提供指导，其逻辑是一旦库存降到预设的再订货点（ROP）时，就启动补货策略，发出补货订单，订货量为 ROQ。运用再订货点需要考虑安全库存量，以及补货周期内的平均需求，再订货点示意图如图 3-2 所示。

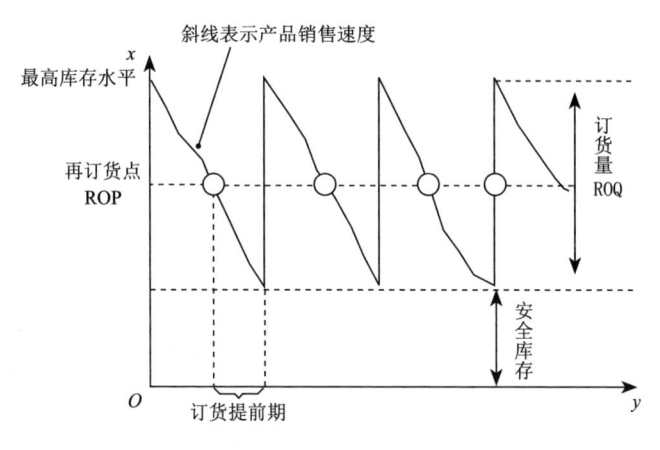

图 3-2 再订货点示意图

通过图 3-2 不难理解再订货点的逻辑，再订货点其实由两部分构成，订货提前期的平均需求以及安全库存，因此，再订货点公式如下：

再订货点 = 订货提前期的平均需求 + 安全库存

运用再订货点需要准确预测需求，以及订货提前期的时间，该方法假设需求和供应波动满足正态分布，因此适用于需求相对稳定的货品。这也是再订货点方法的局限性，实务中，库存的变化可能难以完美呈斜线变化。针对需求连续且稳定的货品，订货提前期内的平均需求一般可用过去一段时间的平均需求来代替。

在实际店铺经营过程中，造成缺货的原因有很多，如供应商延迟发货、物流问题等，都可能造成预设的提前期失效，因此，跨境卖家还需要结合实际和具体的产品特性来对是否需要补货进行判断。

对运营海外仓的跨境电商来说，还可以结合海外仓补货作业中的影响因素来确定订货量，公式如下：

订货提前期 = 采购天数 + 中转仓操作天数 + 物流运输天数 + 海外仓作业天数 + 安全库存天数

最高库存水平 = (订货提前期 + 备货周期) × 日均销量

在途库存 = 采购在途库存 + 中转仓库存 + 物流运输在途库存（指运往海外仓途中的库存）+ 海外仓库存

补货量 = 最高库存水平 − 在途库存

这里的订货提前期考虑了采购、物流、仓库处理等时间。订货提前期、备货周期和日均销量共同影响最高库存水平。备货周期指某批次货物补货的预期销售天数。

为了提高补货操作的效率，卖家可以在 Excel 中制作统计表格，以动态管理库存，见表 3-3。

表 3-3　库存补货计划表

近7天销量	日均销量	日均预测销量	备货天数	运输天数	销售天数	预计所需库存	海外仓库存	在途库存	总库存	需要补货数量

3.2.5　巧清库存避免影响现金流

流动缓慢的库存会在无形中增加现金流压力，而且，仓储费对跨境电商来说也是一项重要的支出。库存周转缓慢不仅会影响现金流动，还会增加库存成本，这一点，相信很多做海外仓的跨境卖家都深有感触。

每一位跨境卖家都希望产品能畅销，但现实有时可能不尽如人意，当遇到库存积压时，卖家应想办法将滞销品或多余库存转化为现金。那么到底该如何正确清库存呢？

（1）新链接重新上架

有时候商品卖得不好并不是产品本身的问题，也可能是营销上出现了问题。针对滞销商品，商家不妨重新审视营销设计，在电商市场中，好的详情页设计对提升转化率和销售额具有重要作用。

审查图片或视频：审查商品图片以及相关介绍视频，清晰且有吸引力的图片和视频更利于转化。在详情页面尽量多角度展示商品，也可以将产品融入具体的使用场景中，给消费者更直观的判断，如图3-3所示。

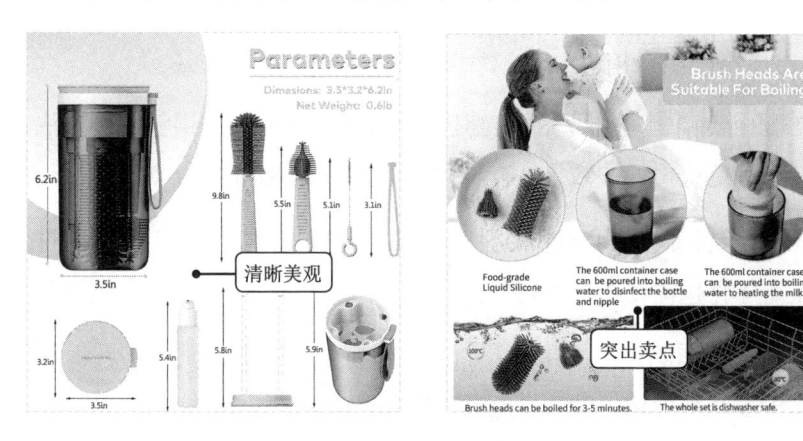

图3-3　商品主图示例

审查标题和关键词：在跨境电商平台中，消费者通常会通过关键词搜索的方式来找寻自己想要的商品，如果标题没有包含相关搜索词，那么获得的搜索流量也会较低。卖家要审查标题设置是否合理，若不合理则要进行优化，一般来说，商品标题可由品牌词、类目词、人群词、功能词、热门词、属性词和描述词等组成，如图3-4所示。

图3-4　商品标题示例

审查产品类目：在跨境电商平台上架商品时需要选择商品类目，类目一旦选错，不仅流量低，匹配的客户也会不精准。一般来说，在电商后台输入产品关键词后，系统会自动推荐合适的类目，为保证搜索结果的准确性，需输入准确的核心关键词，如连衣裙、双肩背包等。另外也可以了解高销量的竞品选择了哪些类目，作为类目选择的参考。

根据以上几点做好商品优化后，接下来就是重新上架商品，商品成功上架后，卖家可根据实际情况决定是否调整商品价格。

（2）搭配组合销售

搭配组合销售是电商常用的提升产品价格竞争力和销售量的方法，要想让搭配销售获得好的效果，在具体组合时需要注意以下几点：

①搭配销售产品的总价最好比单独出售时的价格略低，但也不能过低，即使是清库存也需要考虑销售利润。

②搭配销售的产品应是互补的或者是有关联性的，比如上衣＋裤子就可以搭配成套装出售，图3-5为将餐具搭配组合销售。

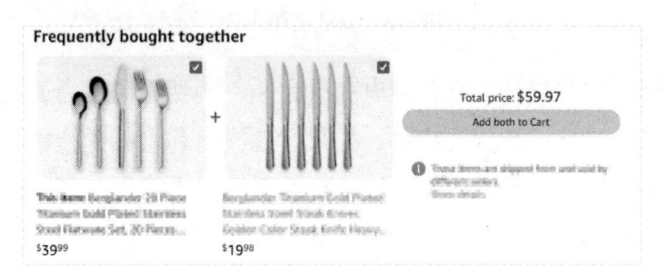

图3-5 餐具搭配组合销售

③在商品下单页面可以写清楚原价和搭配后的价格，让消费者看到搭配购买的实惠，也可以配上促销词，如立减××。

（3）促销清库存

如果店铺销售的产品较多，可以专门建立一个促销区或清仓链接，将需要清库存的商品放入该区域或链接中，并写明购买事宜，比如清仓商品不支持无理由退货、瑕疵商品介意者慎拍、折扣商品不提供售后等。很多消费者对低价商品都比较感兴趣，因此，商家可以在商品原价的基础上降低一定价格，通过促销的方式清库存。

3.3 提升订单发货处理效率

对于跨境电商来说订单处理是必须要面对的一个环节。消费者下单后，就会产生订单审核、打包揽收、确认发货和订单退款等问题。订单处理关系到消费者体验，是跨境电商必须重视的问题。

3.3.1 订单的处理和发货

订单处理流程需要卖家了解清楚，对于自发货订单来说，订单的一般处理流程如图3-6所示。

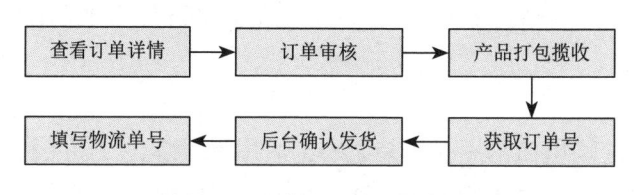

图3-6　订单处理的一般流程

对于做FBA海外仓的跨境电商来说，消费者下单后卖家无须做任何操作，由亚马逊工作人员负责产品挑选、包装和运输。如果卖家是自行搭建的海外仓或者是与和第三方海外仓合作，同样需要对订单进行处理，并安排打包和物流配送，只不过相比FBA海外仓，配送方式要灵活很多。

在订单处理流程中，订单审核是很重要的一步，这是很多卖家容易忽视的，订单审核的主要工作内容如下：

①与消费者确认地址和联系方式，部分消费者可能存在地址填写错误的情况，如果地址有误，按正确地址进行修改。

②在电商销售中，可能会出现售出的商品实际上已经没有库存的情况，因此，需要在审核订单时确认库存。对于无货或者无法调货的商品，需要在订单时限内联系买家，协商后续事宜，如退款、延迟发货等，以免影响发货率。

③确认订单发货的优先级，一般原则是先拍下的订单先处理，但对于承诺消费者加急发货的订单，也需优先处理。

④如果消费者同时下了多个订单，为节省物流费用通常会合并发货，但如果订单中部分货品库存不足，也可以对订单进行拆分，优先对有库存的货品做发货处理。

自发货订单需要卖家对货品进行打包，由于跨境物流时间较长，为减少货损率，在包装上要格外注意。正确的包装尺寸能有效减少受损程度，也能降低运输成本。卖家可根据商品的尺寸大小选择合适大小的包装材料，如纸盒、纸箱、塑料袋、纸袋和快递袋等，下面来看看几种常用的包装材料：

（1）纸盒

纸盒是跨境电商常用的包装之一，适用于服装、日用品和食品等体积较小的商品。纸盒重量轻，便于装卸搬运，能够减少装卸搬运过程中的货损率，另外，纸盒还具有可塑性优势。对于注重品牌塑造的跨境商家来说，可以在纸盒表面印刷图案，以体现品牌特色。

（2）气泡信封袋

气泡信封袋具有重量轻、防水防潮、密封性好的优势，其内里有气泡膜，外层为防水的复合膜。因此，具有隔音、防震、防磨损的功能。气泡信封袋是跨境电商广泛使用的包装材料，多用于电子产品、化妆品、纺织品、礼品、首饰和书籍等商品的保护性包装。气泡信封袋有不同的尺寸，可根据商品大小来选择。

(3) 气泡膜

跨境销售的商品在路程上经历的颠簸会较多，气泡膜内附减震气泡，能起到很好的缓冲保护作用，适用于陶瓷制品、塑料制品、工艺品、家用电器和电子产品等需要防震、防磨损的商品包装，图3-7为气泡信封袋（左）和气泡膜（右）。

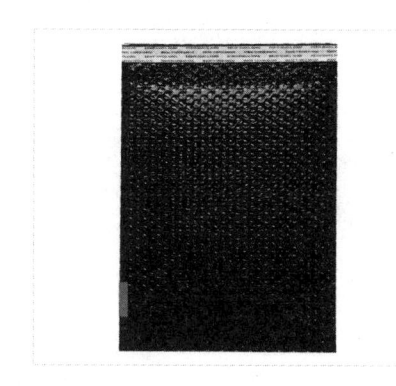

图 3-7　气泡信封袋和气泡膜

3.3.2　订单发货要注意的细节

当消费者下订单后，卖家要做的就是尽快做好打单发货工作，在该过程中也有很多细节需要卖家注意。

(1) 订单处理时限

订单的发货时间是可以在电商后台设置的，如果超过了设定的发货时间，将会影响店铺的及时发货率。因此，卖家需要及时确认订单并发货。比较好的是根据店铺实际情况来设置发货时间，如果负责订单处理的工作人员较少，那么发货时间可以设置长一点，比如48小时内发货；对于订单量较少的新店，为提高新客户的体验度，可以提高订单发货时效，如设置24小时内发货。一些特殊商品，比如定制产品、预售商品，还需要考量合理的发货周期，如30天内、7天内等。

（2）大促期间做好发货准备

日常订单只需按照发货时间来打单发货即可，但在大促活动期间，由于活动引入了大量流量，订单量也可能成倍增加，这时很容易忙中出错，如出现发错货、发货慢等情况。为很好地应对大促发货，在活动开始前，就需要做好准备工作。

①根据预测的销量合理做好库存备货，准确设置库存数量，避免有订单无货带来退款、催货和投诉等问题。

②根据预估的销售量和发货周期提前做好人员配置，保证人员充足。

③结合以往大促经验提前将销售爆款、组合款的商品预打包。

④了解大促活动发货时间规定，以做到按照承诺时效发货。

（3）合理选择包装

跨境商家还可以从包装上入手降低物流成本，对于非易碎品，如床上用品、五金制品等，可以少裹几层气泡膜。对于易碎品，则要好好包装，若因包装不当导致货品毁损，反而会增加额外成本。

如果所发货物属于特殊商品，如液体、易燃固体，那么还需要进行特殊包装，并贴上对应的标识，提醒物流公司小心处理。

3.3.3 订单处理常见问题的解决

按照订单的状态，可以分为未付款订单、未发货订单、已发货订单和确认收货订单，在处理订单的过程中卖家可能遇到各种问题，下面针对常见的问题来看看解决方法：

（1）未发货前买家取消订单

随着订单的增多，特别是大促期间，卖家可能经常遇到未发货前买家取消订单的情形。买家取消订单的原因有很多，在对订单进行处理前，卖家可以先与客户主动沟通，了解其取消订单的原因，如果是因为等不及发货、对产品有疑问，可以尝试沟通，看能否争取买家撤回取消订单的申请。不能争取的情况下要积极响应并处理取消请求。

> **知识扩展** 未付款订单的取消
>
> 针对未付款订单，跨境电商平台基本都支持买家随时取消订单，如果买家未在规定时间内付款，则会被系统自动取消，这类订单通常不会影响店铺的未完成订单率。

（2）已发货买家取消订单

在已经安排发货的情况下，买家取消订单，这时买家在提交取消申请后，还需要等待卖家同意。针对该种情况，卖家要特别注意订单处理的时限，很多平台都规定了具体的订单处理时限，如果超过时限卖家没有处理，那么系统会自动取消订单。不同站点，订单自动取消时限可能不同，具体可查看各站点的规则。

大多数情况下，买家不会主动取消已发货的订单，但也不排除买家恶意取消订单的情形。不管买家出于什么样的原因要取消已发货订单，都要与买家沟通，询问他们取消订单的原因。根据双方协商的结果来采取不同的处理方式，常见的解决方案如下：

①如果买家是误操作或者经沟通后愿意接收货物，那么需保留好证据和沟通记录，并在后台操作"拒绝"取消订单的申请，针对此类买家，同样要提供优质的服务，以减少退货的可能性。

②若货物正处于揽收状态，或者还未出境，那么可联系物流公司召回此包裹。

③若包裹已经运输出境，考虑到物流成本，可以让买家到货后拒签，

再按照退货政策进行下一步处理，同时要求买家承担物流费用。等到货物寄回国内，并检查是否影响二次销售后再操作退款。

④针对恶意退货的订单，必要情况下可让平台客服介入处理。

(3) 已收货订单买家申请退货

买家收到货后可能会因为质量不符、数量不符和产品货损等原因要退货，针对已收货但发起退货的订单，卖家需要对买家的退货申请进行审核。还是先联系买家，了解退货原因，如果是货物出现了质量问题，可让买家提供产品破损、使用的图片或视频，再根据买家的回复和实际情况，按照退换货规则进行处理，如以下几种处理方式：

①向买家表示歉意，如果货损情况并不影响实际使用，可根据实际破损情况协商部分退款。

②如果货物的货值不高，不妨全额退款，并将商品赠送给他，以给买家留下良好印象。

③如果货物货值较高，买家也不愿意接受该商品，那么提供退货地址给买家，待买家寄回货物后，再操作退款。

针对质量问题的退货，运输费用一般由卖家承担；非质量问题的退货，由买家承担运费。

不同的跨境电商平台的退货规则会有一定差异，卖家需要了解清楚平台的退货规则，比如哪些商品不支持无理由退货以及办理退货的条件等。

知识扩展 商品使用了几个月后要求退货

商品使用了几个月后买家要求退货，那么可能是遇到了恶意退货的买家。但仍然要询问买家退货的原因，如果是产品使用过程中出现了问题，可以尝试帮助买家解决。遇到恶意退货退款的买家，可以明确告诉对方，商品使用已经影响了再次销售，没有办法退货。

3.4 跨境电商客户服务技巧

在电商经营中,客服是直接与消费者沟通交流的重要角色,对促成订单成交、树立店铺口碑具有重要影响。在竞争日益激烈的跨境电商市场中,良好的客户服务是保持店铺竞争优势的关键之一。

3.4.1 跨境电商客服需要具备的技能

很多跨境商家都明白,店铺获取新客户的成本要比维护老客户的成本高得多。这是因为店铺引流推广、促销都需要花费成本,通过良好的客户服务留住买家,并使其成为忠诚客户,可以给店铺带来更大的收益。

客户服务是贯穿于售前、售中和售后整个环节中的,客服的主要工作内容有解答客户咨询、促进销售、解决售后问题以及受理客户投诉等。从其工作内容可以看出客服应具备的相关技能,包括但不限于表3-4中的技能。

表3-4 跨境电商客服要具备的技能

所需技能	主要内容
外语能力	相比其他岗位,跨境电商客服人员更需要具备外语能力,良好的外语读写能力是客服能与客户顺利沟通的前提。客服人员应至少掌握一种外语,具体的语种要根据目标市场官方语言来确定,如英语、法语、日语和俄语等,同时要熟悉国际通用语言及其术语,避免出现内容表述不清楚的困境
沟通技巧	客服在解答客户咨询、解决售后问题时,会遇到不同类型的客户,有时客户还可能提出刁难的问题,因此,客服应掌握一定的沟通技巧,能够随机应变
产品知识	大部分客户提出的问题都是与产品有关的,客服需要对所售产品有足够的了解,包括产品的用途、尺寸、使用注意事项等,都应熟记于心。另外,一些国家在产品规格上使用的尺寸标准可能不同,客服人员需要了解不同国家的产品规格要求,为国外买家推荐合适规格和尺寸的产品
交易规则	客服要充分了解跨境电商平台的交易规则,这样才能按规则妥善处理客户问题,除此之外,还要了解海关清关、国际物流和纠纷处理等环节的流程,保证跨境电商交易及服务规范

续上表

所需技能	主要内容
操作能力	操作能力是指使用办公软件的能力，客服要具备较快的打字速度，同时应熟练掌握电商后台交易操作，如修改商品价格、处理退款申请、关闭交易和快捷回复等
销售能力	客服是能够给客户推销产品的人，客服若具备一定的销售能力，是可以帮助提高店铺销量和客单价的。作为客服人员，要懂得在沟通中了解客户需求，传递产品优势和卖点，从而为客户推荐合适的产品，激发其购买欲
问题处理能力	在跨境电商销售中，退换货纠纷是比较常见的，与国内电商不同的是，跨境运输由于距离远、运输长，若与国内电商一样采取退货或换货的方式来处理，运费成本是很高的。因此，跨境电商客服应具备解决问题的能力，在面对客户纠纷或突发情况时，要学会分析客户的问题，从多种处理方案中找出对卖家来说成本较低的方案
服务意识	客服属于服务性岗位，因此要树立正确的服务理念，注重服务意识，尤其是售后问题的处理，可能会遇到客户不满、闹情绪等情况，客服要善于站在客户角度去想问题，这样才能给出好的解决方案

3.4.2　商品咨询的回复技巧

在售前服务中，客户对商品的咨询会比较多，如果响应不及时，可能会因此丢失订单。但客服每天要接待的客户有很多，为提高回复效率，可以对买家常问的问题进行整理，并提前准备好合适的回复语，实现更高效的沟通。下面以英语为例列举几种回复方式：

实务范例　售前服务回复方式

【光临店铺欢迎语】

回复方式一：Dear customer, welcome to our store, happy to serve you, what can I do for you?

亲爱的顾客，欢迎光临本店铺，很乐意为您服务，请问有什么可以为您效劳的呢？

回复方式二：Hello, my Dear friend. Thank you for visiting our store, the quality of our goods is guaranteed. If you are interested, you can directly place an order. If you have any questions , please feel free to contact me at any time.

您好，我亲爱的朋友。感谢您光临我们的店铺，本店铺商品质量均有保证。如果您感兴趣的话，可直接下单，若有任何问题想要咨询，可随时联系我。

回复方式三：Hello, Welcome to our store. May I know which product you are interested in? I can introduce you.

您好，欢迎光临本店铺，请问您看中哪件商品？我可以帮你介绍

【客户询问回复】

①客户询问能否打折

回复方式：Thank you very much for your affirmation of our goods, but this is already the lowest offer, I hope you can understand.

非常感谢您对本店商品的肯定，但这已经是最优惠了，希望您能谅解。

②客户询问是否有货

回复方式：The item you are inquiring about is in stock, you can place an order and it will be shipped for you as soon as possible.

您咨询的这款商品是有货的，您可以下单，会尽快安排为您发货。

③客户询问支付方式

回复方式：Hello, this store supports full payment and installment, you can use bank card and third-party payment, etc.

您好，本店铺支持全额付款和分期付款，可使用银行卡和第三方支付方式等。

④客户询问什么时候到货

回复方式：Usually around 7 to 12 days to arrive。

一般7～12天左右可以到货。

⑤客户询问尺码大小

回复方式：The size chart is in the product picture, you can choose the right size according to the table.

尺码表在产品图片中，您可以根据表格选择合适的尺码。

在实际沟通中，客服遇到的咨询问题多种多样，无法完全概述。以上回复方式仅供参考，具体还是要根据实际情境来回复。如果目标市场通用语言不是英语，可将中文转换为当地官方语言进行回复。在售前回复时，有以下注意事项和技巧：

咨询回复要积极响应且有礼貌，这样会增加客户好感度，后续的交流会相对容易。

当买家询问商品是否有货时，在有货的情况下，可以向客户介绍商品的优势和卖点，以促成成交。若没货也不要仅回答"没有"，可以向客户表示歉意，然后顺势推荐其他同类商品。

部分客户在下单时可能会咨询是否能优惠，在回复价格不能优惠时，可以强调产品质量和服务保障等。如果店铺有优惠活动，可以告知客户活动内容以及如何参与活动享受优惠等。

在售前对话时，不要过多使用专业术语、冷门词汇，要使用方便客户理解的词汇进行沟通。

3.4.3　售前客服促进成交的技巧

当客户有购买意向后，如何进一步促成成交是客服需要掌握的技能，以下几种方法可灵活运用：

（1）假定成交法

假定成交法是指假定客户已决定购买商品了，而采用的促成下单的方法。假定成交法比较适合购买意向强烈的新客户、二次购买客户，具体的操作方式是在沟通时将销售环节直接带入购买阶段中，可参考以下引导方式。

引导用语一：现在下单24小时内就能为您发货，可以更快收到商品。

引导用语二：您看中的这款商品本店是有现货的，可以放心拍下。

引导用语三：这两个商品搭配购买更划算，现在下单就可以享受优惠价格。

假定成交法也可能给客户购买带来压力，从而留下不好的购物体验。因此，在运用假定成交法时，客服人员需要判断客户的成交意愿，如果客户成交意愿并不高，最好不要采用假定成交法，因为这可能遭到客户的立即拒绝。

另外，在引导客户成交时，语气尽量温和委婉，不要给客户强迫购买的感觉，可以在双方沟通气氛融洽时进行成交引导。

（2）让步成交法

让步成交法又称为优惠成交法，是通过让利的方式来促使客户立即下单。这种方法会导致销售利润降低，因此比较适合滞销商品、促销商品，以减轻库存压力，加快存货周转速度。在采用让步成交法时，要注意把握让利的尺度，如果让利过多，也可能让客户误以为商品有瑕疵或者质量不佳。

（3）保证成交法

保证成交法是向客户提供承诺或保证来促成成交。这种成交方法比较适合有下单意愿但犹豫不决的客户，通过提供各种保证来增强客户购买的决心。采用这种方法必须做到严格履行承诺，这样才不会失去客户的信任。根据产品的具体情况，卖家可对产品质量、售后和保修等做出保证。保证成交法的优点在于能够减轻客户成交的心理压力，有利于客服妥善处理与成交有关的异议。

（4）最后机会成交法

最后机会成交法是向客户提示最后的成交机会，促使客户立即下单的一种成交方法。这种方法利用了机会心理效应，给客户以"机不可失，时不再来"的心理暗示，使其产生成交的紧迫感，促使他们早下决断。

在运用最后机会成交法时，合理地使用优惠有助于提升销售效果，如提示客户商品库存不多了，现在下单能享受折扣价，明天将恢复原价。注意，最后成交法不能滥用，如提示客户今天是优惠活动的最后一天，但后续活动还在继续，这种行为会让店铺丧失信誉。客服在引导成交的过程中不能欺骗客户，应做到实事求是。

3.4.4 如何处理售后服务事宜

在跨境电商的售后服务中，妥善地处理客户的问题是关键，及时化解纠纷，有利于维护良好的商家形象和口碑。售后服务需要注意以下三点：

（1）了解售后政策

卖家需要了解跨境电商平台的售后政策，包括退货、换货和退款等方面的规则，以速卖通自运营商家为例，在纠纷处理上有以下售后要求和标准。

实务范例 速卖通自运营商家纠纷处理规则

卖家发货并填写发货通知后，买家如果没有收到货物或者对收到的货物不满意，最早可以在卖家全部发货10天后申请退款（若卖家设置的限时达时间小于10天或者是俄罗斯精品馆订单、本地仓服务订单，则买家最早可以在卖家全部发货后立即申请退款），买家提交退款申请时会在系统中生成争议流程（"纠纷"）。

用户提交纠纷的时限为订单确认后至下列时间中较晚者为止：确认收货15天内，或平台其他规则另行规定或卖家自行承诺的售后有效期届满之日。

用户提起纠纷时限范围外，以下场景的售后保护期范围不受纠纷提起时限影响：

①行政机关认定为假冒或违禁商品。

②买家提供司法机关出具的生效法律文书。

③卖家承诺或双方另行约定售后服务期限。

当地国家有相关法律法规对售后服务期限有明确规定的，按当地国家法律法规执行。如：欧盟国家用户，卖家需承担两年售后质保责任、同时需提供14天无理由退货服务；韩国用户，卖家需承担7天无理由退货服务，若买家发现产品内容与标明或宣传不一致，或者产品性能与合同条款不一致（统称缺陷），卖家需根据相关法律法规承担包括到货3个月内的退货/退款服务，同时视乎产品类型需承担售后质保责任（一般情况下是一年）。

从上述规则可以看出，跨境电商在进行售后处理时，不仅要参考平台规定，还要依据当地相关法规政策，以便为消费者提供合法、规范、有保障的售后服务。

（2）注意沟通方式和时间

一般情况下，尽可能采用书面形式进行售后沟通，这样便于留存证据，以利于纠纷的处理。受时差的影响，国外买家售后留言的时间可能与国内日常工作时间不同，卖家需要时常关注买家发送的邮件或留言，以便能及时处理售后问题。售后处理的时间尽量选择买家在线的时间，这样沟通效果最好，也能提高售后处理的效率。

（3）正确售后积累口碑

为了更好地处理售后问题，客服人员需要了解当地的语言文化习惯，在沟通时拉近双方的距离，售后处理的一般流程如下：

①根据买家的留言或发送的邮件确认客户具体的售后问题是什么，如商品破损、未收到包裹等。

②对客户提出的售后问题进行分析，鉴定问题的大小和处理的难易程度，常规问题可按一般售后流程处理；如果问题比较严重，先不要轻易下决断，或者许下承诺，可与同事协商或者向上级汇报。

③向客户提供解决方案，如果买家同意该处理方式，则落实处理方案。

若客户对解决方案不满意，可与客户协商，尽可能妥善友好解决。

售后处理的关键是双方进行顺利沟通，优秀的客服人员应懂得平息顾客的不满，避免问题进一步恶化，遭到客户的投诉。在处理售后问题时，客服人员要做到以下几点：

多一点耐心：客户之所以会申请售后，很大程度是因为提供的产品或服务没有达到预期效果，这时客户可能会抱怨，或者发泄自己的不满。客服人员要耐心地倾听顾客的抱怨，最好不要轻易打断顾客的叙述。等到客户的负面情绪发泄完毕后，自然会愿意倾听我们的解释和道歉。

态度友好诚恳：在处理售后问题时，如果客服的态度不友好，会进一步恶化与客户之间的关系，反之若态度诚恳、礼貌热情，客户的抵触情绪也会降低，方便后期的沟通。

向客户表示歉意：当产品或服务确实存在问题时，应向客户诚恳地表示歉意。如果是客户不当使用商品导致的售后问题，可以尽量向顾客解释。针对因物流、非质量问题和服务态度等引起的纠纷，应端正心态，诚恳地向顾客解释道歉。向客户表示歉意并不意味着我们做错了什么，这是安抚客户情绪的一种方法，客服人员也不要将时间和精力花在判断谁对谁错上，而应将重心放在化解问题上。

卖家可对售后问题进行整理分析，提高产品质量，提升店铺整体服务水平，以避免同样的售后问题反复发生，给店铺带来损失。

第4章

亚马逊平台规则与运营实务

亚马逊是知名度很高的跨境电商第三方平台，具有流量大、用户群体庞大、平台规则规范和物流体系高效等优势。亚马逊的主要市场有美国、加拿大、英国、德国和日本等，跨境出口商家要打开这些国家的市场，在亚马逊平台上开店是很好的选择。但要想在竞争中取胜，还需要了解亚马逊平台的规则，规范运营工作。

4.1 如何在亚马逊注册开店

对于亚马逊卖家而言，找到适合自己的销售市场是很重要的。在亚马逊注册开店时就需要选择目标站点，那么亚马逊为卖家提供了哪些站点呢？卖家要如何在亚马逊注册开店呢？下面一起来看看。

4.1.1 亚马逊新手卖家开店注册

亚马逊对中国卖家开放的站点有北美站、欧洲站、日本站、澳洲站、印度站、中东站和新加坡站，各站点的特点见表4-1。

表4-1 亚马逊各站点特点

站点	特点介绍
北美站	北美站覆盖美国、加拿大和墨西哥三大市场，从电商环境来看，北美站电商规模大，网购人群多，Prime会员占比高，市场成熟，潜力巨大，而亚马逊也稳居美国、加拿大和墨西哥电商网站前列。北美站热卖品类有服饰、电子产品、家居用品、运动健身器材和生活娱乐用品等
欧洲站	欧洲站覆盖英国、法国、德国、意大利、西班牙、荷兰、瑞典、波兰和比利时，欧洲站的互联网人口占比高，电商市场增长迅速。从欧洲站覆盖的市场区域可以看出，该区域经济发展水平高，消费需求丰富多样，这也为卖家带来了更多销售机会。欧洲站热卖品类有服饰、小家电、电子产品、家居产品和运动健身产品等
日本站	日本站的电商市场很发达，消费人群网上购物习惯成熟，并且具有较高的购买力。对于我国跨境卖家来说，发往日本站的商品物流时效相对较快，具备近距离优势，另外，亚马逊在日本也受到了很多网购人群的喜爱。日本站热卖品类有服饰、厨房家电、家居家装和电子产品等
澳洲站	澳洲站位于南半球，具有反季节热销特色，这使得我国卖家可以用较低的进货成本换取更多利润。虽然亚马逊澳洲站上线时间较晚，但电商规模增长速度快且潜力大。另外，澳洲的消费者对我国出口的商品认可度很高，澳洲站热卖品类有服装鞋靴、家居用品、电子产品和娱乐休闲用品等
印度站	印度站的主要消费群体是年轻用户，电商用户的增长速度较快，印度站点上线时间较早，亚马逊在印度创建了很多运营仓库中心，大部分地区实现了Prime会员次日达。印度站热销的品类有电子产品、家居厨房用品和时尚用品等

第4章 亚马逊平台规则与运营实务

续上表

站点	特点
中东站	中东站主要消费群体同样具有年轻化的特点,其中,阿联酋和沙特的电商渗透率更高。中东地区的电商交易规模增长速度很快,潜力巨大,而亚马逊占据了电商市场很大的用户和流量。中东地区很多产品都依赖进口,当地特色节日众多,这就为卖家带来了很多销售机会。中东站热卖品类有电子产品、美妆和家居生活用品等
新加坡站	新加坡是东南亚地区最发达的经济体之一,而新加坡整体的互联网普及率也很高,电商市场潜力巨大。亚马逊的服务已在新加坡深耕多年,因此平台也受到很多用户的青睐,新加坡站热卖品类有家装建材、数码电子用品和玩具等

知识扩展 什么是 Prime 会员

Prime 会员是亚马逊推出的一种付费会员制度,作为亚马逊 Prime 会员,可在会员有效期内享受满额免费配送服务、会员专享折扣、会员日好物好价等会员权益。

未来亚马逊还会持续布局新市场,卖家可以关注最新信息。新手卖家可通过亚马逊全球开店网站注册开店,并结合自身实际情况选择合适的站点,下面以北美站点为例,来看看如何注册开店。

实务范例 注册亚马逊北美站点

进入亚马逊全球开店网站,单击"前往站点注册"按钮,在打开的页面中选择要注册的站点,这里单击"北美站注册"按钮,如图 4-1 所示。

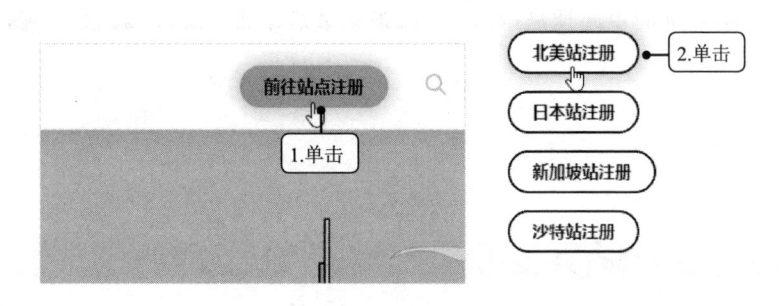

图 4-1 选择站点

如果有亚马逊账户可直接登录，若没有则单击下方"创建您的亚马逊账户"按钮。进入账户创建页面，输入姓名、邮箱地址和密码，单击"下一步"按钮，如图4-2所示。

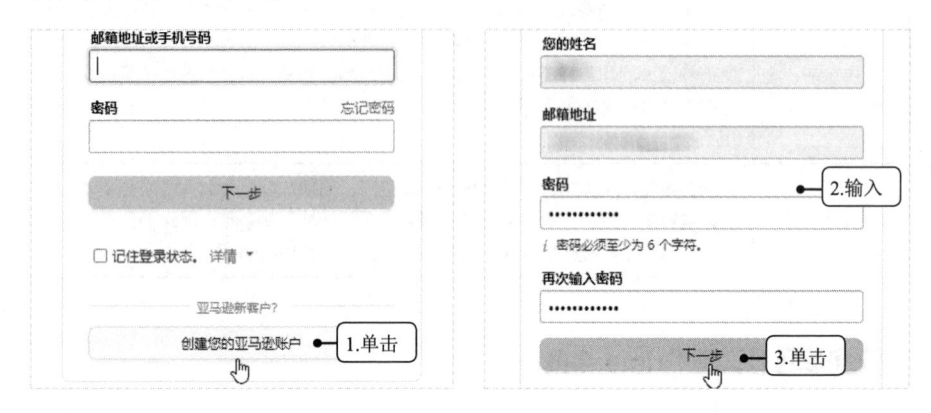

图4-2　创建亚马逊账户

登录邮箱查看验证码，在"输入验证码"文本框中输入邮箱收到的验证码，单击"创建您的亚马逊账户"按钮，如图4-3所示。

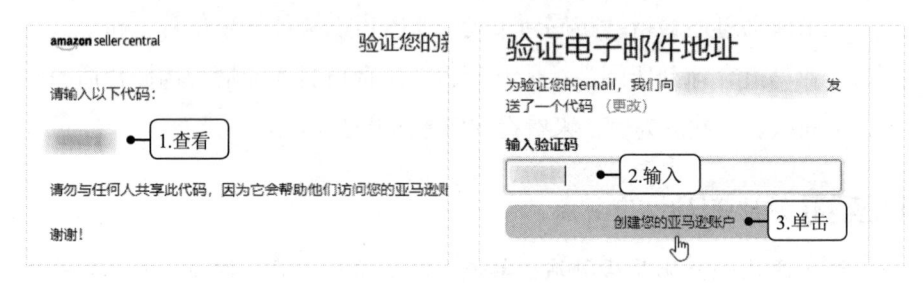

图4-3　验证电子邮件地址

在打开的页面中阅读提示消息，阅读完成后单击"开始"按钮，如图4-4所示。

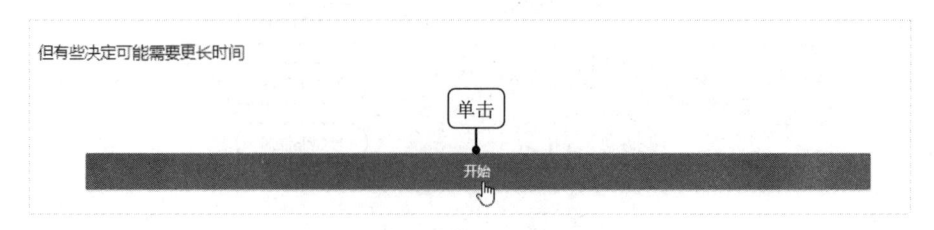

图4-4　阅读提示信息

进入商业信息填写页面，选择公司地址、业务类型，填写用于向州或联邦政府登记的企业名称，阅读亚马逊服务商业解决方案协议、国际销售协议等内容，选中"我确认我的营业地点和类型正确无误，同时我也了解此信息以后无法更改"复选框，单击"同意并继续"按钮，如图 4-5 所示。

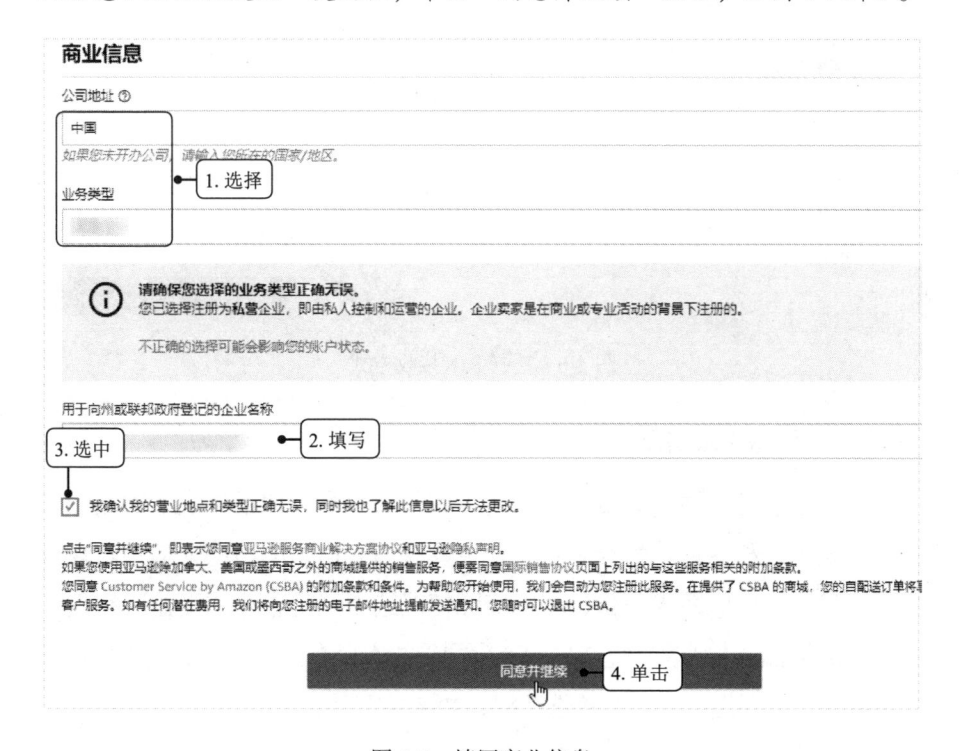

图 4-5　填写商业信息

完成以上步骤后，还需要填写公司信息→填写卖家信息→添加银行账户→填写店铺信息→进行身份验证，下面针对注册过程中的常见事项进行解答。

（1）填写公司信息

在公司信息填写页面，按照营业执照填写公司中文名称、注册号码，地址栏可填写营业执照注册地址或实际经营地址。该页面中可以看到"PIN 接收方式"栏，可选短信或电话接收方式，这里的 PIN 接收方式是指用哪种方式进行验证。选择短信方式会收到短信验证码；选择电话方式将接到语音电话，如图4-6所示。

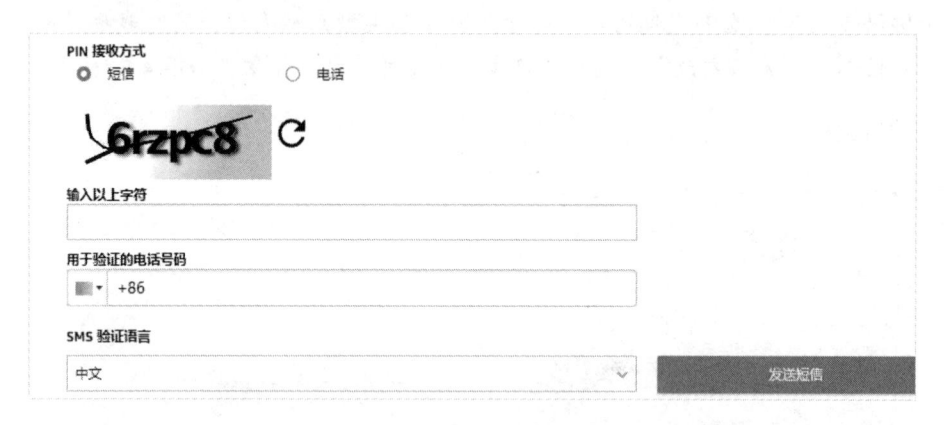

图4-6　选择PIN接收方式

（2）填写卖家信息

在卖家信息页面，需要进一步完善联系人信息，包括姓名、国籍、居民身份证号码和居住地地址等信息，主要联系人信息填写法人信息。该页面需要确认主要联系人身份，根据实际情况选中"是企业的受益所有人"或"是企业的法人代表"复选框。若公司受益人只有法人一个，选中"是"单选按钮，否则选中"否"单选按钮，如图4-7所示。

图4-7　卖家信息填写页面

如果注册为主要联系人的人不是法人代表，则已注册公司的法人代表应提供授权书。该文件授予主要联系人代表公司行事的权利。需要此文件时，亚马逊会发送通知。

> **知识扩展 什么是受益所有人**
>
> 受益所有人是指直接或间接拥有企业25%以上的股份或表决权，或通过其他方式拥有企业的自然人。如果没有个人符合上述标准，那么任何拥有高级经理职位的个人均可视为受益所有人。

（3）添加银行账户

添加银行存款账户后才能接受到来自亚马逊的付款，可以是国内银行账户、海外银行账户、第三方存款账户（参加"支付服务商计划"的支付服务商提供的银行账户）。在填写银行存款账户信息时，要输入9位数的银行识别码，如果不清楚银行识别代码，可咨询银行。完成收款账户的添加后，还需要填写信用卡信息。信用卡可以用于国际付款，如支付专业销售计划月服务费。

（4）填写店铺信息

在店铺信息填写页面，需要填写店铺名称，选择是否拥有商品编号，是制造商还是品牌所有者。由于目标市场是海外，因此最好用英文填写店铺名称。

（5）进行身份验证

身份验证页面主要需要上传相关证明文件，如公司营业执照、法人身份证正反面，接受的文件格式有png、jpeg、jpg、tiff、tif和pdf。基础身份信息通过验证后，还需进行地址验证和视频通话验证。其中，视频通话验证有即时视频通话和预约视频通话两种方式。视频通话验证要求为法定代表人，若不是法定代表人需获得授权。

在身份验证过程中，若提交的身份证和营业执照不符合要求，将无法通过验证，同时需重新提交。验证完成后，等待亚马逊的审核结果。在注册时要确保注册资料符合亚马逊的规定，否则无法注册成功。

4.1.2 店铺开店注册资料准备

通过前面介绍的注册流程可以看到，在亚马逊开店需要提交平台所要求的相关注册资料。为提高效率，在注册前最好事先准备好所需资料，主要包括以下这些：

①营业执照彩色扫描件，需确保营业执照上登记的公司处于存续状态。

②法定代表人身份证彩色扫描件，身份证上的姓名应与营业执照上法定代表人的姓名一致，且与注册的亚马逊账户上的姓名完全匹配。

③可进行国际付款的信用卡，建议首选 VISA。需确认信用卡已开通销售国币种的支付功能，需是尚未过期的且对网购或邮购付款没有任何限制的信用卡。

④联系人的电子邮箱地址和电话号码（建议为法定代表人的电话号码）、公司的地址和联系电话。

⑤用于接收付款的银行账户。

由于各站点的特殊政策，在具体注册时还可能需要提交补充材料，比如美国站需要进行税务信息审核；欧洲站要进行 KYC 审核；北美站点、欧洲站点、日本站点和澳洲站点可能会对部分卖家账户进行审查。

（1）美国站税务信息审核

美国站税务信息审核是一个自助的审核过程，登录亚马逊卖家平台后，若需要进行税务审核，页面会提示"您需要提交税务信息"，如果忽视该审核不进行处理，买家将看不到店铺创建的商品。卖家可单击"提供纳税身份信息"按钮进入税务信息调查页面，然后按照页面指引完成审核即可，如图 4-8 所示。

图 4-8 税务信息审核

（2）欧洲站 KYC 审核

KYC（know your customer）是针对卖家的资质审核，卖家实际情况不同，触发 KYC 审核的情况也会不同，有可能出现以下两种情况：

①注册后立即要求进行 KYC 审核。

②店铺正常经营一段时间后，当销售额达到一定阈值后要求进行 KYC 审核。

若亚马逊需要卖家进行 KYC 审核，同样会在卖家平台提示，告知需要尽快补充或提交相关材料，卖家可在收到提示信息后按要求提交材料。一般需要公司、个人材料和补充材料。不同卖家需要提交的材料可能不同，需要提交的具体材料将视情况而定，如可能要求提供公司营业执照扫描件、首要联系人和受益人的个人费用账单、银行账户所有人证明、相关材料的公证文件等。

（3）账户审查

卖家在完成注册后，可能会遇到账户审查的情况。在账户完成审查前，亚马逊可能会暂停卖家的账号。账户被停用后，卖家后台会有相关提示，卖家需了解账号被停用的原因，再按照亚马逊的要求提交相关材料并申诉。为避免申诉被拒绝或延迟，在提交审核材料时要注意以下几点：

①应提交完整、清晰的材料，避免提交不完整、难以辨认、经过篡改、标记的或截屏、截图材料。

②不能提交过期或无效类型的文件。

③不要提交不合要求的文件，不能 PS 或者更改文件（包含任何在照片上的标注和注释），不要有遮盖污损。

4.1.3 亚马逊开店的收费明细

在亚马逊开店主要会涉及月服务费、销售佣金和物流费用。月服务费一般为每月 39.9 美元，不同站点价格可能会有差异，具体以各站点为准。不同站点、不同商品的销售佣金会不同，具体可参照站点规定，以美国站为例，部分商品的销售佣金见表 4-2。

表 4-2 美国站部分商品销售佣金

商品分类	销售佣金百分比	适用的最低销售佣金（除非另有规定，否则按件收费）
亚马逊设备配件	45%	0.30 美元
母婴（婴儿服装除外）	总销售价格不超过 10.00 美元的商品，收取 8% 的销售佣金；总销售价格超过 10.00 美元的商品，收取 15% 的销售佣金	0.30 美元
家居与园艺	15%	0.30 美元
厨房用品	15%	0.30 美元
全尺寸电器	8%	0.30 美元
食品	总销售价格不超过 15.00 美元的商品，收取 8% 的销售佣金；总销售价格超过 15.00 美元的商品，收取 15% 的销售佣金	—
箱包和旅行用品	15%	0.30 美元
汽车用品	12%，但轮胎和轮毂商品为 10%	0.30 美元

物流费用是亚马逊FBA卖家需要支付的主要费用之一，亚马逊物流（以下简称FBA）可以为卖家提供更多优势和方便。

①符合要求的商品将有资格享受亚马逊Prime隔日达或次日达服务，能帮助卖家加快配送速度，改善客户体验，提高复购率。

②使用FBA配送的商品会带有Prime标记，更易触及亚马逊全球海量、优质的Prime会员，帮助曝光及销量提升。

③FBA提供的配送及售后服务有助于提高买家对卖家商品的客户满意度，获得更多商品好评，从而提高商品销量。

④亚马逊客服会使用当地语言为FBA商品提供全天候专业服务，帮助卖家回复买家咨询，减少时间成本，运营省心更省力。

在亚马逊销售的大多数商品都适用亚马逊物流（FBA），但也有几种特殊情况需要卖家注意。

①部分商品为FBA禁运商品，卖家需要提前了解清楚，如酒精饮料、汽车轮胎、带有未授权营销材料（例如宣传册、价格标签和其他非亚马逊标签）的商品等。

②部分危险品不能通过FBA销售，卖家需要确定商品是否为危险品，可以通过FBA销售的危险品需符合所有危险品法规。

③具有有效期的商品需遵守相关的政策与要求。如在亚马逊运营中心登记时，所有商品的剩余保质期必须在扣除商品完全使用完所需的时间后，还剩90天，同时必须遵循贴标要求。

④易融商品使用FBA有时间限制，卖家需了解哪些商品适合使用亚马逊配送流程、哪些商品不适合。FBA仅在10月16日至次年4月14日期间接受易融商品。

FBA费用包括仓储费、配送费以及其他费用，其中仓储费按商品所实际占用的保管空间每月收取；配送费根据每件商品的尺寸和重量，按件收费；其他费用为计划外费用，按具体情况收费。

每个站点仓储费单价、配送费用对应的尺寸和重量限制不同，另外，配送费用也会因为商品送达的地区和所选快递服务的不同而有差异。如果商品要进行退货处理，那么还会产生退货处理费用，因此，退货处理费用也属于 FBA 费用中的一项。具体的物流费用说明可登录账号后在卖家平台查看。

4.2　亚马逊平台规则详细介绍

为约束平台上的交易行为，亚马逊制定了一系列的规则。每一位卖家都需要了解并遵循亚马逊规则和政策，这将帮助店铺更合规经营、规避风险，同时有助于维护商誉。相反，若违反相关行为准则或政策，亚马逊可能会对账户采取相应措施，如限制销售、下架商品等。

4.2.1　亚马逊卖家行为准则

所有卖家在亚马逊商城发布商品时都必须遵守卖家行为准则，如果卖家违反行为准则，则亚马逊可能会冻结账户。下面以美国站为例，来看看卖家行为准则的要求。

亚马逊要求卖家在商城遵循公平、诚实的行事原则，以确保安全的购买和销售体验。所有卖家都必须遵循以下准则：

①始终向亚马逊和买家提供准确的信息。

②公平行事，且不得滥用亚马逊的功能或服务。

③不得试图损害其他卖家及其商品/评分或者加以滥用。

④不得试图影响买家评分、反馈和评论。

⑤不得发送未经请求或不恰当的沟通信息。

⑥只通过买家与卖家消息服务联系买家。

⑦不得试图绕过亚马逊销售流程。

⑧在没有合理业务需求情况下,不得在亚马逊商城经营多个卖家账户。

⑨不得做出违反价格垄断法律的行为。

从上述行为准则的内容可以看出,卖家需要遵守的行为准则主要分为以下几大类,下面来看看具体详情:

（1）准确的信息

该准则要求卖家提供的信息应是准确的,不得提供错误或虚假信息,并且信息发生变化时需进行更新,比如应提供准确且最新的营业地址、电子邮箱和电话号码,要将商品发布到正确的分类中。

（2）公平行事

公平行事准则要求卖家必须遵循公平、合法的行事原则,且不得滥用亚马逊提供的任何服务。那么哪些行为属于不公平的行为呢？部分示例行为如下：

①向亚马逊或买家提供具有误导性或不恰当的信息,例如为同一商品创建多个详情页面或发布具有冒犯性的商品图片。

②试图在订单确认后提高商品价格。

③人为增加网络流量（例如,使用机器人或付费购买点击量）。

④试图损害其他卖家及其商品或评分。

（3）评分、反馈和评论

卖家可以采用中立的态度请求买家提供反馈和评论,但不得试图影响或夸大买家的评分、反馈和评论,如不能进行以下示例行为：

①通过支付费用或提供奖励（如优惠券或免费商品）来请求买家提供

或删除反馈或评论。

②要求买家只给好评或要求对方删除或更改评论。

（4）沟通

卖家与买家的所有沟通信息必须通过买家与卖家消息服务发送，并且只能涉及处理订单或提供客户服务所必需的信息。禁止进行营销类沟通。

如果收到了用于配送订单的地址或电话号码等买家信息，只能将该信息用于配送订单，且必须在处理订单后将其删除。不得使用买家信息联系买家（除非通过买家与卖家消息服务联系），也不得将其分享给任何第三方。

（5）绕过销售流程

该准则要求卖家不能提供提示用户访问任何外部网站或在别处完成交易的链接或消息。

（6）开设多个销售账户

除非有开设第二个账户的合理业务需要，并且所有账户均信誉良好，否则只能为销售商品所在的每个地区保留一个卖家平台账户。常见的合理业务需要如拥有多个品牌，并分别维护每个品牌的业务；为两家不同的独立公司制造商品。

（7）价格垄断行为

该准则禁止价格垄断行为，价格垄断是一种操纵价格的行为，这样的行为会给买家和卖家双方均带来不利影响。

不同站点卖家行为准则的内容可能会有些许差异，具体以站点的规定为准，另外相关政策也可能更新，卖家需要经常关注新规。

4.2.2　商品禁售及限制政策

并不是所有的商品都能在亚马逊上发布并销售，为避免因产品或销售不合规而导致的限制销售问题，卖家需要了解亚马逊禁限售政策。卖家不能发布属于以下情况的商品：

①违反亚马逊的受限商品政策。

②不安全的商品。

③只能凭处方购买的。

④违反任何适用的国内或国际法律，包括濒危野生物种贸易公约。

⑤违反第三方知识产权或亚马逊的防伪政策。

⑥违反第三方知识产权或亚马逊的侵犯知识产权政策和防伪政策。

⑦违反任何其他亚马逊政策的。

亚马逊对酒类、动物和动物制品、汽车用品、化妆品及护肤和护发用品、膳食补充剂、药物和药物用具、电视/音响等商品都制定了相关禁售规则，由于涉及的商品种类较多，下面以美国站汽车用品为例，列举部分禁售商品：

> **知识扩展** 多种受管制的机动车相关商品及证件等物品
>
> 需要登记的机动车、二手轮胎、高强度放电（HID）转换套件、可能妨碍车辆排放控制系统正常工作的商品（如 EGR 屏蔽板、节气门删除套件等）、不符合适用的《联邦机动车轮安全标准》（FMVSS）的商品（如不符合 FMVSS218 规定的摩托车头盔）、未经美国环境保护局认证的便携式燃料容器、驾驶证和政府颁发的其他身份证明、车辆识别号（VIN）标牌等。

针对部分商品，亚马逊还有商品限制政策。以美国站为例，一般商品限制政策的部分内容见表 4-3。

表 4-3 一般商品限制

分类	限制
儿童服装	禁止销售尺码为 2T 至 12（或同等尺寸）的带抽绳的儿童上身服装。尺码为 2T 到 16（或同等尺寸）的儿童下半身服装在将服装完全展开时，其抽绳长度不得超过 3 英寸。此外，儿童下半身服装的抽绳末端不得有绳扣、绳结或其他配件。尺码为 2T 至 16（或同等尺寸）的上身外衣，如果腰部或底边的抽绳是一整根绳子，则必须采用止缝工艺进行处理（即将抽绳缝死固定，防止抽绳被抽出）

续上表

分类	限制
窗帘	窗帘类商品的商品信息必须遵循窗帘制造商协会采用的非强制性安全标准。其中包括外露拉绳式窗帘类商品的非强制性安全标准（ANSI/WCMA A.100.1）
珠宝首饰	珠宝首饰商品（包括镜框、钢笔和西餐餐具等商品）的商品信息必须遵循美国联邦贸易委员会针对珠宝首饰、贵金属和锡等行业的指南。高级珠宝首饰包括含黄金、白银、铂金或钯金、钻石、珍珠或宝石的商品。必须确保高级珠宝首饰的商品详情页面包含关于商品质量的准确、完整的详细信息。作为"白银"或"纯银"商品发布的商品实际含银量必须至少为92.5%。黄金和铂金含量必须与详情页面上说明的品质及商品上的压印标识相符。仿制珠宝必须具有相应标识。必须公开所有经过处理的钻石或宝石的全部处理工艺。高级珠宝首饰的详情页面必须遵循针对首饰、贵金属和锡等行业的指南和亚马逊的珠宝首饰质量保证标准

部分商品则有需要声明和公开商品信息的限制，比如受加利福尼亚州空气污染法规约束的商品（引擎、售后汽车零件、催化转换器等），其商品信息中应包含允许销往加利福尼亚州的相应行政命令编号或认证；包含小零件并旨在供儿童使用的某些玩具或游戏，其商品信息中必须包含消费品安全改进法案（CPSIA）规定的与窒息危险相关的声明。

对于禁限售商品政策，卖家需要详细了解店铺所售品类商品的具体政策规定，其他品类商品的禁限售规定只需简单了解即可。

4.2.3　知识产权政策和规则

在亚马逊开店售卖商品需要格外注意知识产权风险，亚马逊对于知识产权的保护非常重视，一旦出现知识产权纠纷或投诉，可能会导致账号失去销售权限或产生其他法律后果。因此，卖家有必要了解亚马逊的知识产权政策和规则。卖家要遵循以下两点基本规则：

①必须遵守所有适用于店铺商品和商品信息的联邦、州和地方法律以及亚马逊政策。（注：以美国站为例。）

②不得侵犯品牌或其他权利所有者的知识产权。

知识产权主要包括版权、商标和专利。版权是对原创作品的法律保护；商标是公司用于标识商品和服务的文字、符号、设计或相关组合的法律保护；专利是针对发明的法律保护。

（1）版权

版权旨在保护原创作品，如视频、电影、歌曲、书籍和音乐作品等，原创作品的作者通常拥有该作品的版权。其中，《数字千年版权法》适用于版权，不适用于商标或专利。《数字千年版权法》（DMCA）是管辖在线版权材料的美国法律。

在亚马逊商城，比较常见的版权侵权类型是详情页图片和视频，那么卖家如何判断自己是否拥有详情页上图片或视频的版权呢？一般来说，卖家拥有自行为商品拍摄的照片或视频的版权。不拥有在他人网站上找到的照片或视频的版权。因此，如果将网上下载的图片或视频上传到详情页中，在没有获得版权授权的情况下，会面临极高的版权侵权风险。

另外，如果卖家未经许可将其他店铺详情页的图片或视频上传到自己店铺商品的详情页中，用于商品销售，也可能面临版权侵权风险。要规避版权侵权问题，需确保详情页上传的图片、视频或文本是自己创作的，或者已获得版权持有者许可。

（2）商标

品牌名称、标志都属于商标，商标表明了商品或服务的来源，是品牌识别的重要工具。对于他人的商标，不能随意照搬或者使用近似的商标。商标所有人可通过在特定国家/地区的商标局进行注册的方式来保护商标。如果其他人使用了我们的商标或者易混淆的近似标志，这可能导致买家产生误认，则商标所有人可以阻止他人使用该标志。

在亚马逊商城，商标通常会在商品详情页、店铺首页展示，如商品名称首行、产品描述中。卖家在创建详情页或者设计店铺时，如果未经授权

123

使用了他人的商标，若这一行为可能导致商品的来源、认可或从属关系发生混淆，易构成侵权。当然，店铺不是商标的所有者，不一定意味着不能销售其商品，比如店铺销售的是 A 品牌的正品水杯，在商品详情页以 A 品牌名称进行宣传，这时消费者一般不会对商品的来源或从属关系产生混淆，若确实如此，则并未对 A 品牌商标造成侵权。那么什么情况下可以在商品详情页使用他人的商标呢？通常有以下几种情形：

①如果销售的是正品，卖家可以使用商标名发布这些商品。

②使用商标文字的普通字典含义时，如 Apple 是手机品牌，普通字典含义是指一种水果。

③如实陈述某商品与商标商品兼容，例如店铺销售的是与 Kindle 电子阅读器兼容的连接线，则可以在详情页面文本中使用品牌名称"Kindle"表示兼容性，但要注意不能使用徽标表示兼容性，只能使用品牌名称。

在陈述某商品与商标商品兼容时，要按照一定的格式来创建商品名称，并且要遵守亚马逊品牌名称政策，品牌兼容商品的名称格式如下：

店铺商品的品牌名称 + 商品名称 + 适用于 / 兼容 / 适合 / 可用于 + 主要商品的品牌 + 主要商品名称 + 其他商品名称要素（如适用）

通用兼容商品的名称格式如下：

通用 + 商品名称 + 适用于 / 兼容 / 适合 / 可用于 + 主要商品的品牌 + 主要商品名称 + 其他商品名称要素（如适用）

对于按买家要求定制（即按需打印）的商品，如在服装上打印买家定制的个性化信息或图片。作为卖家有责任不配送侵犯商标所有者权利的订单，如买家请求在定制的 T 恤上添加某知名品牌徽标，则不应同意配送此订单。在销售可定制的商品时，要遵循以下商品名称格式：

定制 / 个性化商品名称 + 使用……创建 / 个性化自……/ 由……制造 + 主要商品品牌 + 主要商品名称 + 其他商品名称元素（如适用）

如果不遵守上述格式要求，店铺商品可能会因涉嫌侵犯商标而被移除。

（3）专利

专利是指专有的权利和利益，从其含义可以看出与版权、商标的区别。在美国，专利有实用新型专利和外观设计专利两种主要类型。实用专利是最常见的专利类型，通常为商品的结构和功能提供保护；商品的独特外观可获得设计专利。

为避免专利侵权风险，卖家要了解关于专利的相关法律法规，同时对商品的制造商或经销商进行背景调查，确保他们未侵犯他人专利。另外，也可以咨询律师或者查看相关指南。

4.2.4　商品防伪政策条款

亚马逊严禁销售假冒伪劣商品，如果不遵守防伪政策，可能会导致销售权限被撤销、店铺款项被扣留等问题。在亚马逊上销售商品即表示同意以下政策：

①严格禁止销售假冒伪劣商品。

②不得销售任何不合法销售的商品，例如非法复制或制造的商品。

③如果亚马逊要求提供商品真伪记录，则必须提供此类记录。

每个卖家和供应商都有责任确保其采购、销售和配送的商品均为正品，亚马逊禁售以下商品：

①盗用商品、假冒商品或内容的盗版副本。

②非法复制、复印或制造的商品。

③侵犯他人知识产权的商品。

在店铺经营过程中，亚马逊可能会要求提供能够证明商品真伪的文件

（如发票）或发布商品进行销售的授权文件，如果提供的是经过其他任何编辑或具有误导性的文件，将违反防伪政策。

销售假冒商品会带来一系列的后果，如亚马逊可能会立即暂停或终止销售账户（以及任何相关账户），并销毁亚马逊运营中心储存的所有假货，费用由卖家自己承担。

另外，亚马逊还与世界各地的权利所有者和执法部门合作，对故意违反防伪政策和损害亚马逊买家利益的卖家和供应商采取法律措施。除了刑事罚款和监禁，销售假冒商品的卖家和供应商还可能面临民事处罚。

可以看到，亚马逊对于销售假冒伪劣商品的打击是很严厉的，卖家需牢记防伪政策条款，只有合规经营才能保证店铺持续运营下去。

4.2.5　买家商品评论政策

买家评论是用户购物体验不可或缺的一部分，亚马逊为保护买家评论的真实性也制定了相关政策，卖家需要避免违规行为，违反买家评论政策的行为包括但不限于以下几种：

①卖家对自己的商品或竞争对手的商品发布评论。

②卖家为第三方提供经济报酬、折扣、免费商品或其他补偿来换取对自己的商品或竞争对手的商品的评论。包括使用可销售的买家评论、网站或社交媒体群组的服务。

③卖家在买家编写评论后提供退款或赔偿（包括通过非亚马逊付款方式提供的赔偿），并要求买家在退款或赔偿之前或之后更改或删除评论。该退款或补偿可能是通过亚马逊买家与卖家消息服务、直接联系买家，或使用第三方服务、网站或社交媒体群组来完成。

④卖家使用与评论相关的可提供免费或折扣商品的第三方服务（例如，

要求买家登记他们的亚马逊公共资料以便卖家监控评论的评论俱乐部）。

⑤卖家的家人或员工为卖家的商品或竞争对手的商品发布评论。

⑥卖家让评论者更改或移除评论。为此，也可能向评论者提供退款或其他补偿。

⑦卖家将差评转发给自己或其他反馈机制，而将好评发送给亚马逊。

⑧卖家在商品之间创建变体关系，旨在通过聚集评论操控评论和提升商品的星级。

⑨卖家提供亚马逊好评或物质奖励，以换取对商品包装或装运箱的评论。

⑩卖家使用买家账户为自己的商品或竞争对手的商品编写或更改评论。

亚马逊对所有买家评论违规行为都实行零容忍政策，因此，卖家不要有任何试图操控买家评论的行为。任何违规控评行为都可能导致亚马逊立即采取措施，包括但不限于以下措施：

①立即并永久撤销卖家在亚马逊商城的销售权限，同时扣留资金。

②移除商品的所有评论，并阻止商品日后收到评论或评级。

③从亚马逊永久下架商品。

④对卖家采取法律行动，包括诉讼和移交民事和刑事执法机构。

⑤公开披露卖家的名称和其他相关信息。

4.3　产品上架与运营推广

熟悉了亚马逊的规则和政策后，卖家就可以着手进行产品上架和运营推广了。产品上架是店铺运营的首要任务，而推广则是运营中的重要环节。

4.3.1 亚马逊产品快速上架指南

在商品上架前，需要确定商品所属的类别，准备好产品信息、图片和描述信息。对于开放的分类，只要注册了卖家账号就可以销售此类商品，部分分类则需要获得批准后才能发布此类商品，表 4-4 为部分商品分类的批准要求。

表 4-4 部分商品分类批准要求

商品分类	允许的状况	是否需要批准
汽车用品	新品	否
母婴商品（服饰除外）	新品	否，但某些子分类需要批准
美妆	新品	否
食品	新品	否，但某些子分类需要批准
摄影摄像	新品、经认证的翻新商品和二手商品	否
电视/音响	新品、经认证的翻新商品和二手商品	通常情况下，所有卖家均可在"软件""视频游戏"和"电视/音响"分类下发布商品，但若要销售某些特定商品，可能需要预先获得批准
美妆	新品	否
影视和蓝光光盘	新品、二手商品和收藏品	是
钟表	新品	是

如果店铺商品所属分类不需要批准，则卖家可以直接发布商品，下面来看如何创建新商品信息。

实务范例 创建新商品信息

登录亚马逊卖家中心，在"目录"或"库存"下拉菜单中选择"添加商品"选项，新品则单击"我要添加未在亚马逊上销售的新商品"超链接，如图 4-9 所示。

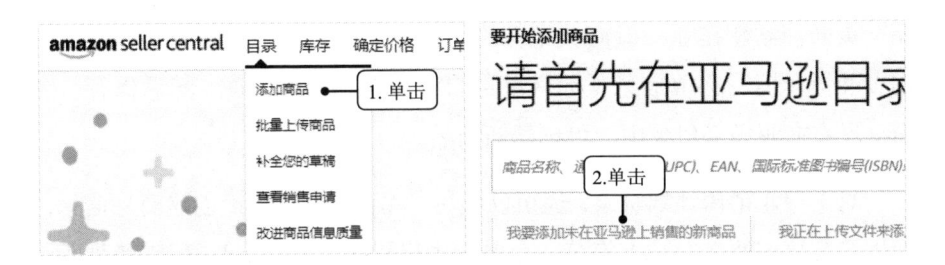

图 4-9　进入添加商品页面

选择类目，可以在搜索文本框中输入类别关键词，或者在下方的列表中选择类别。在打开的页面中选中"必填"单选按钮，如图 4-10 所示。

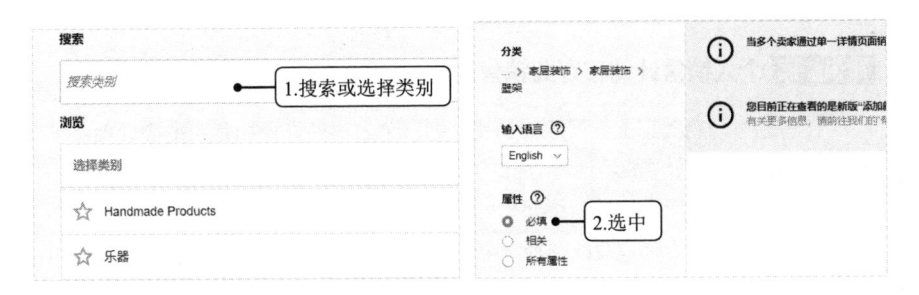

图 4-10　选择商品类别

根据页面提示填写"产品识别""重要信息""报价""运输"等信息，填写完成所有必要信息并确认无误后再发布商品，将产品上架到亚马逊平台上，如图 4-11 所示。

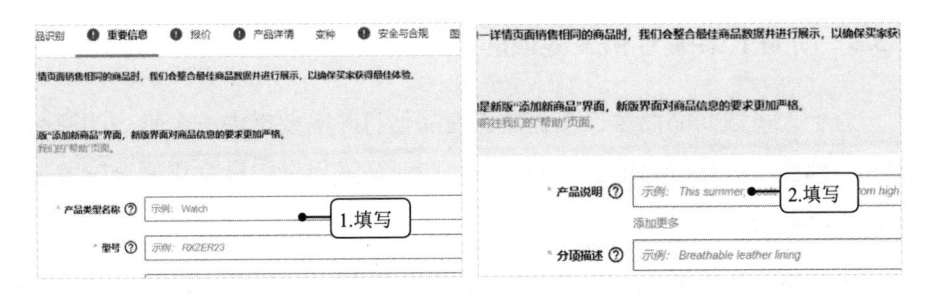

图 4-11　填写商品信息

除了创建新商品外，卖家还可以将想要销售的商品与亚马逊现有商品信息进行匹配（即跟卖）。卖家可通过"请首先在亚马逊目录中查找您的商品"页面搜索想在亚马逊商城销售的商品，如果找到了要销售的商品，根据页面提示填写必填信息（标有星号的字段为必填字段），然后保存。若商品没有在亚马逊目录中，可创建新商品。

对于专业销售计划卖家，还可以使用"库存文件"批量创建商品信息，使用该方法需要在电脑上安装一个电子表格程序，如Excel。确定商品所属商品分类后，下载相应的库存文件模板，在库存文件模板中填写分类字段和细分字段（包含了发布商品所需的所有信息），然后上传库存文件。亚马逊会根据库存文件中提供的信息创建商品信息。

> **知识扩展** 个人销售计划和专业销售计划
>
> 亚马逊为开店卖家提供了两种销售计划，个人销售计划和专业销售计划。个人销售计划是一项即付即用计划，提供了一系列基本的商品发布和订单管理工具。个人卖家可以将其商品与现有页面相匹配，或在亚马逊目录中创建新页面，从而一次创建一种商品信息；专业销售计划是一项月度订阅服务，提供一系列工具和优势，包括批量发布商品、亚马逊商城网络服务（亚马逊 MWS）、自动定价、高级业务报告、可自定义的运费以及获得在详情页面上的最佳位置展示商品的资格。两种计划账户功能不同，专业销售计划更适合规模较大的卖家，卖家可根据自身实际情况选择。

4.3.2 新品上架编号和关键词的使用

对于大多数商品而言，在创建新商品信息时需要提供一个唯一的商品编码（称作"全球贸易项目代码"），在亚马逊目录中最常用的全球贸易项目代码有以下几类：

①通用商品编码（UPC），即标准商品编码。

②国际标准图书编码（ISBN），是专门用于图书的商品编码，通常与出版日期关联。

③欧洲商品编号（EAN），是专门用于欧洲商城商品的一种商品编码。

④日本商品编号（JAN），是专门用于日本商城商品的一种商品编码。

创建和匹配商品页面所需的特定全球贸易项目代码（GTIN）因商品分类而异，亚马逊会通过查验 GS1 数据库来验证商品 UPC 的真实性，UPC 无效的商品信息将被移除。因此，最好通过 GS1 官网获取商品 UPC。亚马逊部分商品分类编码要求见表 4-5。

表 4-5 部分商品分类批准要求

商品分类	是否需要商品编码	例外和豁免
汽车用品	是	主要品牌均需具有 UPC
母婴	是	主要品牌均需具有 UPC，但是可为私有品牌商品申请豁免
美妆	是	主要品牌均需具有 UPC，但是可为私有品牌商品申请豁免
图书	是	所有图书均需具有 ISBN、EAN 或 JAN。如果卖家想要发布没有 ISBN、EAN 或 JAN 的图书，则可以申请豁免
家居与园艺（包括宠物用品）	是	主要品牌均需具有 UPC，仅可为私有品牌商品或手工商品申请豁免
软件	是	无

为让消费者更轻松地找到店铺在售商品，在填写商品名称时最好包含消费者可能使用的搜索关键词。商品名称中的每个词均可被单独搜索，但亚马逊对商品名称长度有要求（长度应为 60 个字符左右），因此不能在商品名称中堆砌关键词。

前面简单介绍过常用的关键词类型，在具体填写商品名称时，可以包含品牌、产品系列、材质、主要特点、商品类型、颜色、尺寸、包装和数量等关键词信息，这些信息可以帮助卖家匹配更精准的买家。

还可以在亚马逊的某个 ASIN 目录数据中添加更多搜索关键词来描述商品，该关键词不会被买家看到，却会影响搜索权重。该关键词不是必填项目，但若准确填写对提高搜索排名是有帮助的，因此也需要重视。在添加该关键词时注意以下要点：

①不能超过亚马逊规定的文本长度限制，需少于 250 个字节（英文中使用的字母数字字符，一个字节对应一个字符，但是更复杂的字符，如德语变音符号，例如 ä，每个字符可以对应两个或更多字节）。

②单数或复数词均可，可以使用同义词，如耳机的同义词耳塞。

③可以包含缩写词或使用拼写变体，但不要出现常见的拼写错误。

④要使用小写字母，避免使用标点符号，用空格分隔各个词语。

⑤要避免词语重复，不要使用冠词、介词或其他连接短语，如"一件""和""的"等。

⑥禁止使用品牌名称、ASIN 识别码、亵渎性内容、临时性陈述（如新品、促销、最后机会）、主观性表达（如最佳、划算、便宜）、冒犯性词语等。

> **知识扩展** 什么是亚马逊 ASIN
>
> ASIN 全称为 Amazon Standard Identification Number，中文名称为亚马逊标准识别号，是亚马逊独有的商品标识码，用于识别亚马逊网站上的商品，每个亚马逊经销的商品都有一个唯一的 ASIN。对卖家来说，ASIN 的设置会直接影响买家的搜索，若 ASIN 码使用不正确，还可能导致店铺违反平台规则。

4.3.3 高质量商品图片推动产品销售

在添加新商品时，图片的使用格外重要。高质量、清晰的产品图片能帮助推动产品销售、提高订单转化。另外，在上传图片时还要保证符合亚马逊的要求。若系统判定图片不符合要求，那么该图片不会上传到商品信息中。所有商品图片需满足表 4-6 的标准。

表 4-6 商品图片标准

序号	标准
1	图片必须准确展示待售商品
2	图片必须与商品名称相符
3	商品形象必须占据图片区域中 85% 或以上的面积
4	图片要在详情页面达到最佳缩放效果，文件最长边的分辨率最好不小于 1 600 像素。事实证明，缩放功能有助于提高销量。如果无法满足此要求，那么，可进行缩放的图片文件的最小尺寸为 1 000 像素，而用于网站展示的图片文件的最小尺寸为 500 像素
5	图片最长边的分辨率不得超过 10 000 像素
6	必须采用 JPEG（.jpg 或 .jpeg）、TIFF（.tif）、PNG（.png）或 GIF（.gif）文件格式。首选文件格式为 JPEG，亚马逊服务器不支持 .gif 格式的动图
7	图片必须清晰，未经过像素化处理且没有锯齿边缘
8	不得包含裸体或有性暗示意味；不得在人体模特上展示儿童和婴幼儿的紧身衣、内衣和泳衣
9	不得包含任何亚马逊徽标或商标、亚马逊徽标或商标的变体，或者任何容易让人混淆的与亚马逊徽标或商标相似的内容
10	不得包含亚马逊商城使用的任何标记、标记的变体（指以原有标志的设计为基础，改变粗细、色彩等造型要素而进行的变化设计）、任何容易让人混淆的与标记相似的内容

在详情页中至少要提供一张商品图片，但为了提升消费者的购买欲，最好提供六张图片和一个视频。主图是详情页的第一张图片，也是商品购买页面的门面，会在搜索结果中展示给买家，因此尤为重要。在上传商品主图时，应确保符合以下标准后再上传：

①商品主图必须是纯白色背景，RGB 色值为 255、255、255。纯白色背景可以与亚马逊搜索和商品详情页面融为一体，如图 4-12 所示。

②商品主图应是实际商品的专业照片，不能是图形、插图、实物模型或占位图片，也不能展示无关配件或可能令买家产生困惑的道具。

③主图内的商品上方或背景中不得有文字、徽标、边框、色块、水印或其他图形。

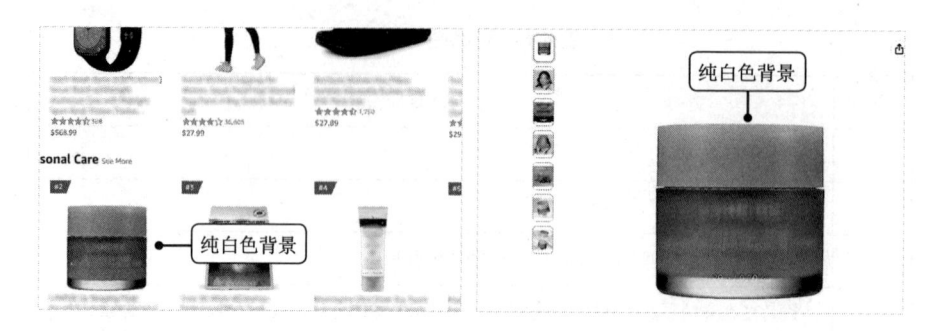

图 4-12　纯白色背景主图

④主图必须完整展示待售商品，不得紧贴图片框边缘或被图片框边缘遮挡，珠宝首饰除外，如项链。

⑤主图不得包含单个商品的多角度视图，不得展示处于坐姿、跪姿、靠姿或躺卧姿的人体模特。

⑥主图展示的商品须去除外包装，包装箱、包装袋或包装盒不应显示在主图中，除非它们是重要的商品特征。

⑦多件装的服装商品和配饰的主图必须采用平面拍摄形式（非模特展示），儿童和婴幼儿服装的所有图片必须采用平面拍摄形式（非模特展示）。

⑧无论人体模型是何种外观，服装配饰的主图不得展示人体模型的任何部位。

⑨主图展示的女装和男装应由真人模特穿着，鞋靴必须是单只，呈 45 度角朝左摆放。

4.3.4　产品推广与转化策略

新品上架后，卖家可能会遇到产品曝光量低、没有评论、搜索不到、订单少等问题。新上架的产品前期的流量会较小，要想让产品销量好，甚至成为爆款产品，产品的推广宣传十分重要。卖家可以结合自身情况采用以下策略。

(1) 站内广告推广

站内广告推广是获得亚马逊流量的重要方式，对于新手卖家来说，可以先尝试商品推广。商品推广采用点击付费（CPC）模式，可以帮助卖家将商品以广告形式展示在相关购物搜索结果页和商品页面中。商品推广适合用于推广单个商品，即使店铺知名度不高，也可以帮助提升产品销量。不过要想实现好的转化效果，还需要保证推广的商品的详情页是高质量的，这样才能提高销售机会。

商品广告是基于相关关键词或商品向消费者展示广告的相关内容，投放方式有多种，常用的是关键词投放，即将广告与消费者的购物搜索词相匹配。商品广告有自动投放、手动投放和否定投放三种投放选项，新手卖家建议选择自动投放；手动投放可手动选择要投放的关键词或商品；否定投放可以帮助排除不希望与广告关联的关键词、商品或品牌，以优化广告活动效果并减少广告花费。

除商品广告外，亚马逊还提供了品牌推广、展示型推广等推广方式，品牌推广更适合已完成亚马逊品牌注册的专业卖家，可提升品牌的曝光度。展示型推广不局限于亚马逊站内，还可以实现站外推广，适合需要拓展业务、提高知名度的卖家。

(2) 活动推广

参与亚马逊促销活动能够吸引更多的消费者关注店铺商品，并增加销售额，特别是在销售旺季，活动推广能有效提高产品曝光率和销售量。亚马逊中的促销活动有很多，如 prime day（会员日）、黑色星期五（black friday，简称"黑五"）、网络星期一（cyber monday，简称"网一"）、返校季以及符合各国消费者喜好和当地特色的节日活动。卖家可以结合店铺销售的产品类型，参加适合自己的促销活动。

为帮助卖家做好新品启动，亚马逊也提供了不同的促销工具，如 deals 促销、优惠券（coupons）、prime 专享折扣和亚马逊积分（日本专有）等，卖家根据自身需求和商品类型选择不同的促销方式。卖家要学会利用每个工具的特点，再结合旺季节日和大促活动制定合适的营销活动。

deals 促销：常见的 deals 促销有秒杀（lightning deals）、7 天促销（7-day deals）和镇店之宝（deal of the day），参加活动的商品可以显示在 today's deal 页面，能帮助卖家在短期内冲击销量，获得流量和知名度。

优惠券：优惠券的设置门槛相对较低，卖家可以为单个商品或组合商品创建优惠券折扣。亚马逊提供优惠券自动推广服务，以增加商品被发现的可能。

Prime 专享折扣：是面向 Prime 会员的专属折扣，一般被作为日常折扣广泛使用。折扣后的价格会显示在 Prime 会员的商品详情页和购买按钮上，是快速提升销量和转化率的重要工具。

亚马逊积分：这是针对日本站的特色活动，做日本站的卖家可以利用积分来吸引消费者下单，另外，该活动还可以帮助店铺积累忠实客户。

（3）站外推广

站外推广是指通过站外渠道引流客户到亚马逊平台上下单，对新手卖家而言，建议在做好站内流量的基础上，再进行站外推广，这样效果会更好。站外推广的常用渠道和方式有 Deal 网站、社交平台、网红营销和站外广告等。

Deal 网站：是指导购促销网站，这类网站消费者的购物意愿会更强烈，流量也较大，美国主要的 Deal 网站有 Vipon（"维朋"，一个提供商品折扣信息的网站）、Slickdeals（sd）（"滑头交易"一个大型折扣交易社区网站）和 TechBargains（"科技折扣"，一个提供科技产品相关优惠信息的网站）等。

社交平台：主要社交平台具有传播速度快、影响广的优势。

网红营销：是指与网络红人合作进行产品营销推广，比如与 TikTok 上的视频博主合作为店铺带货。

站外广告：站外广告也是推动店铺业绩增长的重要策略，先要确定目标受众和广告平台，不同平台用户群体会不同，选对平台才能提高广告营销效果，比较常用的平台有 TikTok 等。

4.4 店铺 Listing 运营优化

Listing 是产品详细信息的集合页，所有的流量最终都会由 Listing 页面进行承接和转化，如果 Listing 做得不好将错过大量的潜在买家。

4.4.1 从哪些方面做 Listing 优化

Listing 是消费者全面了解商品信息的页面，在做 Listing 优化前，卖家首先需要了解 Listing 页面由哪几部分构成，Listing 应包含以下要素：

（1）分类节点（browse node）

分类节点可以帮助消费者了解产品所属分类，选对分类节点，消费者才能在亚马逊中快速找到我们发布的商品。因此，在做 listing 优化时需要查看分类节点是否与产品类目相符。

（2）搜索关键词（search term）

搜索关键词（部分类别被称为 keywords）前面介绍过，是用于解释商品的词，该词不会显示在前台，但会与买家搜索词进行匹配，在优化搜索关键词时可以参考 4.3.2 的内容。

（3）商品图片（product image）

商品图片由主图和附图构成，每件商品都可以配多张商品图片，附图可以展示主图片中没有显示的细节，多角度展示商品能让消费者对产品有更全面的了解，从而让消费者放心购买。建议卖家在 Listing 页面展示四张及以上商品图片，并且是能缩放的高质量图片。

（4）品牌名称（brand name）

在商品图片的右侧会展示品牌名称，品牌名称会显示在商品标题的前面。如果是无品牌名称的商品，创建商品时在"品牌名称"字段中输入单词"generic"。正确的品牌名称能帮助消费者识别商品，提升其信任感，同时有助于品牌宣传。在优化 Listing 应注意查看品牌名称是否有误，注意不要使用别名、缩写。

（5）标题（title）

标题是能传达商品品牌、型号和性能等信息的组成部分，标题是 Listing 优化的重点，具体如何优化将在后面进行详细讲解。

（6）商品要点（bullet point）

商品要点具有传达商品功能，突出商品重要信息或特殊信息的作用。商品要点是纯文字格式的，也不能用色彩、下划线等对重点内容进行突出显示，因此商品要点最好不要使用大段枯燥的文字，可以将商品卖点提炼出来，用多个小标题进行呈现。

（7）商品描述（product description）

商品描述是对商品的详细介绍，能进一步吸引买家，增加购买率。商品描述可以包含产品功能、主要用途、尺寸大小、适合人群、产品细节、售后和包装配件等信息。为提高转化效果，优化商品描述的重点是呈现消费者所关心的内容，可以将核心卖点、消费者最为关心的部分呈现在前面，同时注意内容的条理性和逻辑性。

（8）A+/ 高级 A+（商品图文详情）

A+/ 高级 A+ 是图文版的商品详情，可用于展示产品更多细节，以提高消费者对产品的信任感，从而做出购买决策。对于店铺中畅销的商品以及利润较高的商品，创建 A+ 页面可以大大提高销量。并不是所有的卖家都拥有创建商品图文详情的权限，卖家若没有该功能的使用权，可以在卖家中心申请，若满足条件，则能获得该权限。

在设计商品图文详情时，尽量让页面易于阅读，不要使用晦涩难懂的语言或各种专业词汇的缩写。可采用图文搭配的方式，用图片来增强视觉冲击力，用文字来增加认知度。图文详情需保证商品信息准确真实，以减少退货和不良评论。图4-13为亚马逊网页端部分要素的展示方式。

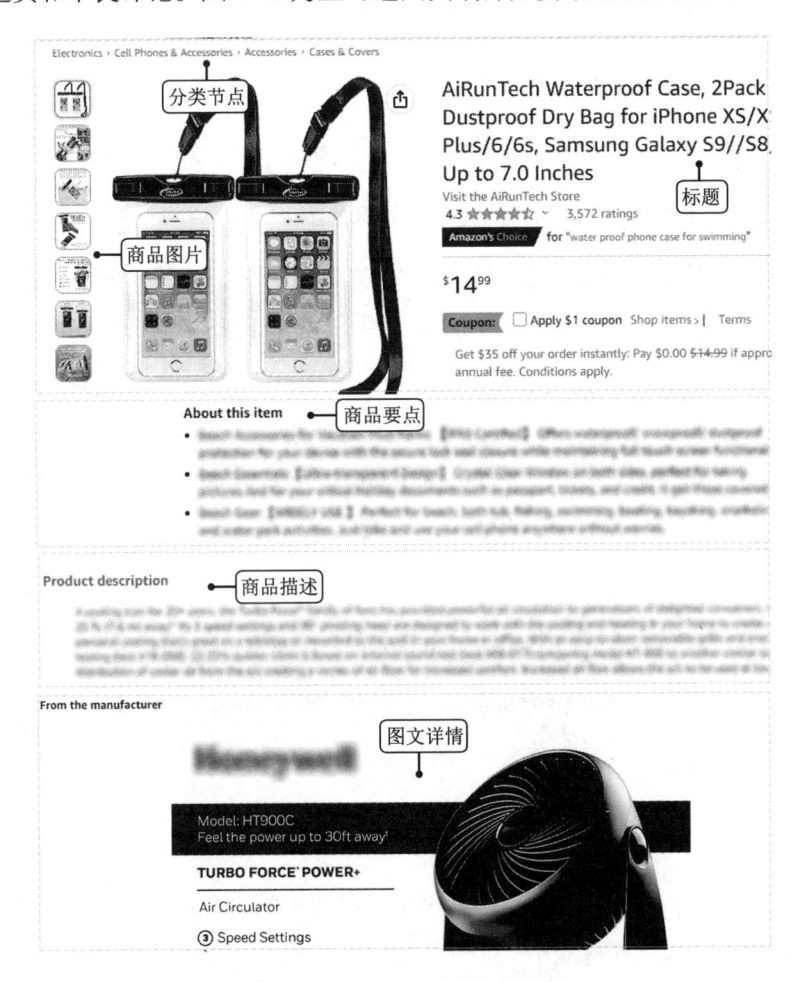

图4-13 Listing要素展示方式

亚马逊手机端的展示方式与网页端有一定差异，卖家可进入手机端查看，以便在做手机端 Listing 优化时清楚各要素的特点。

4.4.2 商品标题的撰写要点和技巧

优秀的标题能最大化地为商品引流，从而提升曝光量和转化率。好的商品标题应是简明扼要、易于阅读的，在撰写标题时要注意以下几点：

①要符合所属商品分类的建议字符长度规定（包括空格）。

②不得包含促销用语，如 free shipping 等。

③不得包含用于装饰的字符，如~,！, *, $ 等符号。

④须包含识别商品的信息，如 umbrella 等。

店铺面对的消费群体是国外客户，英文和中文的书写习惯不同，在撰写标题时也要符合国外消费者的阅读习惯。商品标题是由多个单词组成的，撰写时不要全部使用大写字母，每个单词的首字母大写，但介词、连词或冠词除外，如 in、on、the 等首字母不大写；数字使用阿拉伯数字，如 3，不用 three。标题中可以包含必要的标点符号，如连字符（-）、正斜杠（/）、逗号（,）、和号（&）、句点（.），如图 4-14 所示。

图 4-14 商品标题示例

商品标题中若要描述测量值，单位可以使用缩写，如 cm、kg 等。注意，卖家名称不能包含在标题中。亚马逊规定商品标题不能使用非 ASCII 字符，但如果品牌名称包含禁止使用的字符，则该字符无须遵守该要求。

商品标题是影响搜索的要素之一，在具体撰写标题时还有以下一些技巧可以运用：

①将重要的词放前面，如买家搜索频率高的词、与产品密切相关的词、产品特性词等。

②撰写标题时也可以参考竞品词，可从竞品详情页寻找合适的关键词，提炼后放入商品标题中。

③标题中可以补充关于产品材质、尺码或颜色的信息，以提高消费者对商品的认知度。

4.4.3 做好五点描述提高转化率

五点描述是亚马逊 Listing 的重要组成部分，即 Bullet Point 内容版块，在网页端显示为五条，因此被称为五点描述。五点描述是消费者了解产品信息、卖点和优势的重要渠道，其位于详情页的首屏，因此对提高商品转化率具有很大的作用。五点描述并没有固定的编写模板，但是好的五点描述应具有以下特点：

①内容清晰简洁，具有可读性，五点描述的内容不宜过长。过长的描述需要消费者点击"更多"按钮才能查看完整内容，这会增加消费者的操作动作。

②每一个要点都能清晰传递信息，消费者在阅读描述内容时能够准确理解商品属性和特点，为购买提供参考。

③对商品的描述是客观真实的，部分卖家可能会在描述中夸大商品优点，或者掩盖缺点，这可能会提高订单量，但带来的售后问题也会增多，另外还可能陷入虚假宣传纠纷中，因此，五点描述必须客观真实。

④内容符合亚马逊详情页规则，五点描述中不能含有敏感词、违禁词，

以及亚马逊禁止的其他信息。

五点描述可以按照店铺的需求来撰写，一般包含以下内容：

①产品特性、功能或优势。

②产品材质、质量。

③产品尺寸、规则、大小。

④产品安装、组装或使用注意事项。

⑤产品的售后服务。

五点描述中也可以包含关键词，但要以清晰传递信息为前提，不要堆砌关键词。可将产品的核心优势放在前面，以突出产品的差异化特点。另外，还要考虑消费者关心的点，使描述内容发挥为消费者答疑解惑的作用，如针对易碎品，消费者普遍担心破损和退换货问题，这时就可以将包装加固和售后无忧等信息加入描述中，并放在靠前的位置。

这是一段关于某商品的描述，主要介绍了该商品的便携性（portable）、高品质（high quality）、功能（function）、结构（structure）、服务（service）。这段描述详细地介绍了商品的特点、功能和售后服务，帮助潜在买家全面了解该商品的优势和使用方法。每一条描述内容的首字母要大写，同时注意排版的美观性，尽量让内容看起来整洁，如图4-15所示。

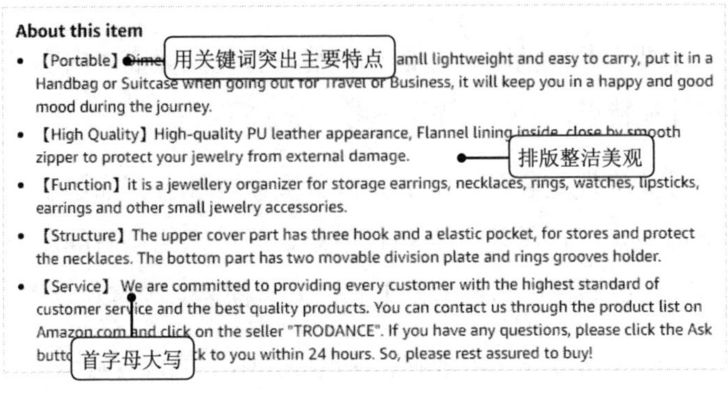

图4-15 五点描述示例

第5章

速卖通平台规则与运营实务

　　速卖通（AliExpress）覆盖全球 200 多个国家和地区，其产品品类丰富，具有安全快捷的交易系统，同时能为商家提供跨境物流解决方案和专业的运营支持，这也使得速卖通很适合新手和初级卖家，是卖家进入海外市场、扩大销售渠道的重要跨境电商平台。

5.1 速卖通平台新手指南

在俄罗斯、西班牙、巴西、法国和沙特阿拉伯等国家，速卖通很受欢迎，用户群体非常庞大，这些国家也是速卖通重要的交易市场。在入驻速卖通平台前，要先对速卖通开店相关事项有所了解。

5.1.1 入驻需要的材料和资质

目前，速卖通仅支持企业身份入驻，个人身份无法入驻。新商家可通过手机或邮箱注册速卖通平台账号，入驻平台时需要提交以下资料，若资料有误或不完整将无法注册成功：

①公司营业执照彩色扫描件（需在公司执照有效期内）。

②开店公司企业支付宝账号或公司对应法人个人支付宝账号。

③法人、股东基本信息（含身份证信息）。

④联系方式，如公司的联系邮箱、电话等。

在使用邮箱进行注册时需要注意，不能出现 aliexpress、taobao 或 alibaba 这样的字母，若出现会注册不成功。完成资料填写后会进入企业信息认证页面，可通过企业支付宝、公司法人个人支付宝进行认证，卖家可根据自身情况选择合适的认证方式。

准备好以上资料后，可进入速卖通中国商家新版工作台（跨境卖家中心）进行店铺注册。

实务范例 注册速卖通商家账号

进入跨境卖家中心注册页面，输入邮箱、邮箱验证码，设置登录密码，如图 5-1 所示。

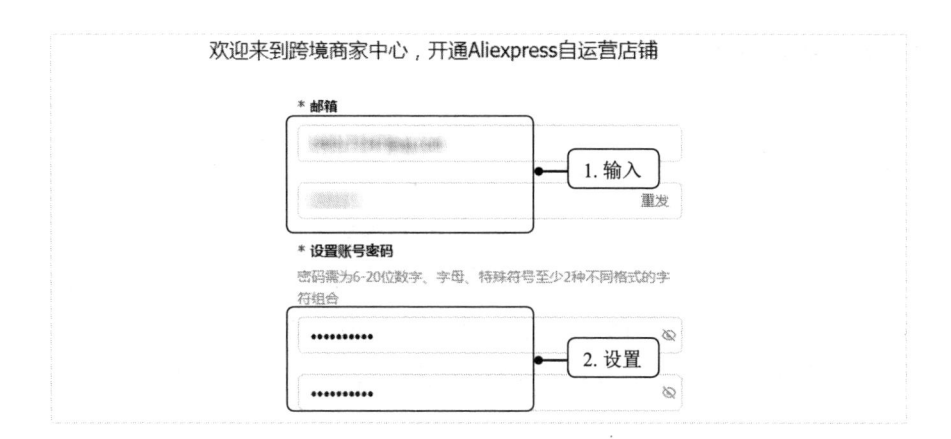

图 5-1 输入邮箱和设置账号密码

输入手机号码和验证码，认真阅读相关服务协议，完成后选中"我已阅读并同意"复选框，单击"立即注册"按钮，如图 5-2 所示。

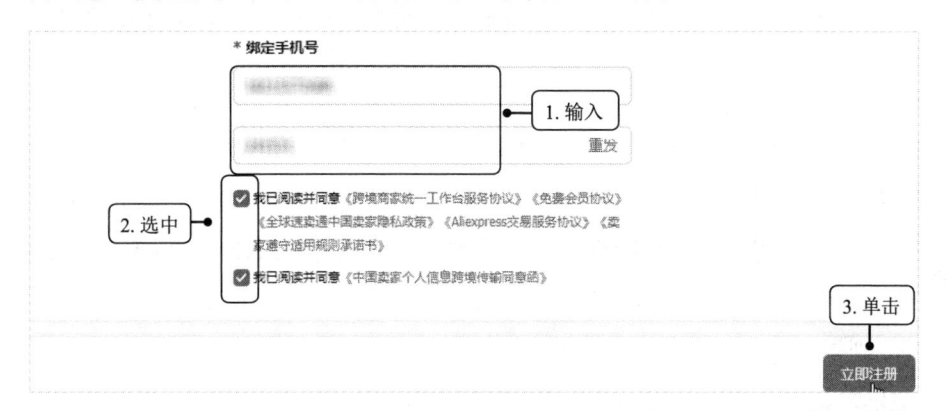

图 5-2 注册账号

页面自动跳转至企业信息认证页面。企业认证后，再按照操作提示开通资金账户、选择经营类目、缴纳保证金，完成账号注册。

知识扩展 选择合适的经营类目

不同的经营大类可发布的类目不同，在选择经营类目时，要根据自身经营条件、目标市场来考虑。另外，不同的经营类目需缴纳不同金额的保证金，卖家要选择合适的经营类目。部分经营类目需额外提供资质，在注册时会有提示，按要求提供相关资质材料即可。

5.1.2 速卖通店铺类型及相关要求

速卖通平台开店，如果卖家拥有或代理品牌，可根据品牌资质选择店铺类型，包括官方店、专卖店和专营店。官方店是商家以自有品牌或由权利人独占性授权（商标为 R 标且非中文商标）入驻速卖通开设的店铺；专卖店是商家以自有品牌（商标为 R 或 TM 状态且非中文商标），或者持他人品牌授权文件在速卖通开设的店铺；专营店是指经营一个及以上他人或自有品牌（商标为 R 或 TM 状态）商品的店铺。不同店铺类型相关要求不同。

（1）官方店

官方店需要完成企业认证，卖家需提供企业营业执照副本复印件、企业税务登记证复印件（国税、地税均可）、组织机构代码证复印件、银行开户许可证复印件和法定代表人身份证正反面复印件。开通店铺需要提供以下材料：

①商标权人直接开设官方店，需提供国家商标管理部门颁发的商标注册证（仅 R 标）。

②由权利人授权开设官方店，需提供国家商标管理部门颁发的商标注册证（仅 R 标）与商标权人出具的独占授权书（如果商标权人为境内自然人，则需同时提供其亲笔签名的身份证复印件；如果商标权人为境外自然人，提供其亲笔签名的护照/驾驶证复印件也可以）。

③经营多个自有品牌商品且品牌归属同一个实际控制人，需提供多个品牌国家商标管理部门颁发的商标注册证（仅 R 标）。

④卖场型官方店，需提供国家商标管理部门颁发的 35 类商标注册证（仅 R 标）与商标权人出具的独占授权书（仅限速卖通邀请）。

（2）专卖店

专卖店的开店企业资质同官方店，需提供以下材料：

①商标权人直接开设的品牌店，需提供由国家商标管理部门颁发的商标注册证（R 标）或商标注册申请受理通知书（TM 标）。

②持他人品牌开设的品牌店，需提供商标权人出具的品牌授权书（若商标权人为自然人，则需同时提供其亲笔签名的身份证复印件；如果商标权人为境外自然人，可提供其亲笔签名的护照 / 驾驶证复印件）。

（3）专营店

专营店企业开店资质同官方店，需提供由国家商标管理部门颁发的商标注册证（R 标）或商标注册申请受理通知书复印件（TM 标），或以商标持有人为源头的完整授权或合法进货凭证（各类目对授权的级数要求，以品牌招商准入资料提交为准）。

5.1.3 速卖通开店常见问题解答

在速卖通开店的过程中，很多新手卖家也可能遇到这样一些问题，如保证金缴费问题、店铺经营大类的更换问题等。下面就针对常见问题进行解答：

（1）保证金缴纳问题

在速卖通开店时需要存缴一笔保证金，保证金金额按店铺入驻的经营大类收取，如果店铺入驻多个经营大类，则保证金为多个经营大类中的最高金额。注意，因违规扣除的保证金不予退还，因此，卖家在店铺经营过程中应合规经营。如果店铺选择退出经营，在所有的交易全部处理完成后，速卖通会退还结余的保证金。

（2）店铺的经营大类可以更换吗

店铺的经营大类是可以更换的，卖家可以退出当前的经营类目，按照入驻流程再次申请正确类目入驻。

（3）R 标和 TM 标有什么区别

R 是 Register 的缩写，是指注册商标，指该商标已在国家商标管理部门进行注册申请并审查通过。TM 是 TradeMark 的缩写，是指商标已报送国家商标管理部门并下发了受理通知书，这样可以避免他人重复申请。在速卖通开店可以申请商标资质，速卖通平台对"商标"有以下要求：

①英文注册商标。

②注册地为中国或海外。

③拥有商标注册证（R 标）或商标注册申请受理通知书（TM 标）。

5.2 速卖通平台重要规则

为维护和优化速卖通平台的经营秩序，更好保障全球速卖通用户的合法权益，速卖通制定了平台规则，每一位卖家都需要了解这些规则，以更好地进行店铺运营。

5.2.1 了解卖家基础规则

在店铺正式开始经营前，需要了解速卖通平台卖家基础规则。首先，卖家在平台的任何行为应遵守中国及其他国家和地区可适用的法律、法规、规章、政令、判决等规范性文件。其次，作为交易市场的卖方，应就双方达成买卖交易自主对买家负责，切实履行卖家的信息披露、质量保证、发货与服务、售后及质保等义务。同时，卖家有义务了解并熟悉交易过程中平台对买家市场规定，遵守并提供善意、合理的配合。除此之外，卖家还需要履行以下基本义务：

①遵守平台各类目的商品发布规则，禁止发布禁限售的商品或信息。

②尊重他人的知识产权，严禁未经授权发布、销售侵犯第三方知识产权的商品，包括但不限于商标、著作权和专利等。

③恪守诚信经营原则，及时履行订单要求，兑现服务承诺，不得出现虚假交易、虚假发货和货不对版等不诚信行为。

④保障消费者知情权，履行信息披露的义务。

⑤保证出售的商品在合理期限内可以正常使用，包括商品不存在危及人身财产安全的风险，具备商品应当具备的使用性能，符合在产品或者其包装上注明采用的标准等。

5.2.2 遵守商品类目发布规范

并不是所有的商品都能在速卖通销售，遵守平台各类目的商品发布规则是卖家的基本义务。速卖通禁限售的商品包括毒品、易制毒化学品及毒品工具；易燃、易爆及危险化学品；武器及枪支弹药；管制器具；政府、执法及军警用品；药品；医疗器械；非法服务；收藏品、文物及贵重金属；烟草产品等。卖家要避免发布任何含有或指向性描述的禁限售信息，若出现违规行为，将面临相应的处罚，见表5-1。

表5-1 发布禁限售商品的处罚规则

行为类型	违规行为情节/频次	其他处罚
发布禁限售商品	严重违规：48分/次（关闭账户） 一般违规：0.5分~6分/次（一天内累计不超过12分）	①退回/删除违规信息。 ②若核查到订单中涉及禁限售商品，速卖通将关闭订单，如买家已付款，无论物流状况均全额退款给买家，卖家承担全部责任

部分国家法律规定禁限售商品及因商品属性不适合跨境销售而不应售卖的商品，以部分国家法律规定及平台最新公告为准。如出口韩国的商品要符合韩国当地的相关法规要求，自2023年1月1日起，韩国公平交易委

员会的《关于在电子商务中提供商品等信息的通知》生效，日用化工品、化妆品、杀菌产品、农畜产品、保健品、儿童用品等必须展示相关必要信息。所有适用的线上产品的详情页面中，销售给韩国消费者的产品或产品外包装上必须注明以及标明韩国认证（KC）编号或KC标志。

5.2.3 熟知知识产权规则避免违规

知识产权侵权也会面临平台的处罚，知识产权侵权行为主要分为三类，商标侵权、著作权侵权和专利侵权，这三类侵权行为的定义和处罚规则见表5-2。

表5-2 知识产权侵权类型和处罚规则

侵权类型	定义	处罚规则
商标侵权	严重违规：未经注册商标权人许可，在同一种商品上使用与其注册商标相同或相似的商标	三次违规者关闭账号
	一般违规：其他未经权利人许可使用他人商标的情况	首次违规扣0分，其后每次重复违规扣6分，累达48分者关闭账号
著作权侵权	未经权利人授权，擅自使用受版权保护的作品材料，如文本、照片、视频、音乐和软件，构成著作权侵权。 实物层面侵权：①盗版实体产品或其包装；②实体产品或其包装非盗版，但包括未经授权的受版权保护的作品。 信息层面侵权：产品及其包装不侵权，但未经授权在店铺信息中使用图片、文字等受著作权保护的作品	首次违规扣0分，其后每次重复违规扣6分，累达48分者关闭账号
专利侵权	侵犯他人外观专利、实用新型专利、发明专利、外观设计（一般违规或严重违规的判定视个案而定）	首次违规扣0分，其后每次重复违规扣6分，累达48分者关闭账号（严重违规情况，三次违规则关闭账号）

知识产权一般侵权将累计积分，积分累计达到一定分值，将执行账号处罚，具体见表5-3。

表 5-3 知识产权一般侵权扣分节点和处罚规则

行为类型	扣分节点	处罚
知识产权一般侵权	2分	严重警告
	6分	限制商品操作3天
	12分	冻结账号7天
	24分	冻结账号14天
	36分	冻结账号30天
	48分	关闭账号

卖家应尊重知识产权，在备货时严格把控进货来源，同时可以发展自有品牌，以提升品牌影响力。在发布品牌商品时，应申请品牌授权后再发布，以规避侵权行为。

5.2.4 速卖通产品交易规则

交易过程中，会涉及商品发布、订单处理和物流等问题，为避免交易纠纷，卖家需要了解相关的交易规则。

（1）商品发布规则

卖家在发布商品时需要如实描述商品信息，并对所售商品质量承担保证责任。"商品如实描述"是指卖家在商品描述页面、店铺页面等所有速卖通提供的渠道中，应当对商品的基本属性、成色和瑕疵等必须说明的信息进行真实、完整的描述。由于跨境销售的特殊性，卖家还应保证出售的商品在进口国法律规定的合理期限内可以正常使用，包括商品不存在危及人身财产安全的不合理危险、具备商品应当具备的使用性能、符合商品或其包装上注明采用的标准等。

（2）订单处理规定

在处理订单的过程中，卖家可能会遇到订单关闭、买家取消订单、发货超时、买家确认收货超时、买家申请退款等情况，针对这几种情况，速卖通平台有不同的规定具体如下：

订单关闭：就一般商品而言，如果买家下订单起的 20 天内未付款或者付款未到账的，订单将超时关闭。而在闪购、限时抢购等特殊交易场景下，会在平台认为的合理时限内（半小时起）关闭。

买家取消订单：买家付款成功后到卖家发货前，买家可申请取消订单。买家申请取消订单后，卖家可以与买家进行协商，如果卖家同意取消订单，则订单关闭货款全额退还给买家；如果卖家不同意取消订单并已完成发货，则订单继续。如果卖家不做任何操作直至发货超时，则订单关闭货款全额退还给买家；如果卖家对订单部分发货，并且在发货期内没有完成全部发货，则订单关闭货款全额退还给买家。

卖家发货超时：自买家付款成功之时起至备货期间内，如果卖家无法及时发货，可以与买家协商由买家提交延长卖家备货期的申请，卖家需在协商期限内发货；如果卖家在备货期内没有完成全部发货，则订单发货超时关闭，货款全额退还给买家；如果卖家在备货期内完成全部发货，但订单在规定时间内无有效的物流上网信息，则订单上网超时关闭，货款全额退还给买家。

买家确认收货超时：自卖家声明全部发货之时起，买家须在卖家承诺的运达时间内确认收货（如卖家承诺的运达时间小于平台的默认值则以平台默认值为准），期间卖家应与买家及时沟通收货情况；如果与买家沟通其确实一直未收到货物，可以由卖家延长买家收货时间；如果买家一直未确认收货且未申请退款的，则该订单买家确认收货超时并视为交易完成。

买家申请退款：自卖家声明全部发货后，如卖家承诺的运达时间小于 10 天（自然日，如无特殊说明）则在卖家发货后买家就可以申请退款；如卖家承诺的运达时间大于等于 10 天则在卖家发货后的 10 天后买家可以申请退款。

（3）物流

基于平台的物流政策，卖家可自主选择发货采用的物流服务，包括但不限于菜鸟平台的线上物流服务商、菜鸟无忧物流或其他线下物流方式。但向部分国家发货，平台有特殊规定的，卖家应按照该规定进行。无论卖家选择线上或是线下的物流服务，卖家均应向买家准确、全面地披露物流服务的相关信息，包括但不限于卖家向买家收取的物流服务费，卖家指定的线下物流服务提供商向买家额外收取的物流费用（如物流服务费、关税、VAT等）等。

若买家自行选择物流方式，卖家发货所选用的物流方式必须是买家指定的相关物流方式。未经买家同意，不得无故更改物流方式。卖家填写发货通知时，所填写的运单号必须完整、真实、准确，并可查询。

5.2.5 卖家要知道的营销规则

卖家可以参加速卖通官方的促销活动，也可以自行开展店铺营销。参与平台官方的促销活动需满足一定的条件，有交易记录的卖家及商品，需满足如下条件：

①店铺好评率 ≥ 92%。

②店铺商品的DSR描述分 ≥ 4.5。

③店铺货不对版纠纷率 ≤ 8%。

④店铺商品的5天上网率 >80%。

⑤商家不存在诚信经营方面的问题，不存在欺诈消费者或其他任何损害消费者权益的行为，不存在用作弊、欺诈等方式获取平台保护政策或其他权益的行为，或任何扰乱速卖通平台经营秩序的行为。

⑥速卖通平台对特定促销活动设定的其他条件。

针对无交易记录的卖家，由速卖通平台根据实际活动需求和商品特征制定具体的卖家准入标准。在参与促销活动的过程中应该遵守国家法律、法规、政策及速卖通规则，不得发生涉嫌损害消费者、速卖通及任何第三方正当权益，或从事任何涉嫌违反相关法律法规的行为。如果卖家在促销活动中发生了违规行为，速卖通会根据违规情节，禁止或限制卖家参加平台各类活动，情节严重的，还会对卖家账号进行冻结、关闭或采取其他限制措施，出售侵权商品、违反促销承诺、提价销售、强制搭售等都属于违规行为。

5.2.6　速卖通评价管理规则

产品的评价会影响消费者的购买决策，好评越多，越利于建立良好的产品信誉，从而提高订单转化。速卖通好评率的考核周期为30天，计算公式如下：

$$好评率 =（4分评价量 +5分评价量）\div 总评价量$$

在订单交易完成后的30天内，买卖双方可作出评价，超时之后将无法留评，系统也不会自动给出评价。为提高好评率，卖家可在交易结束后的30天内主动联系买家评价商品，当然，速卖通平台也会自动发邮件提醒买家给出评价。生效的评价信息一般会在24小时内在店铺中展示。

对于异常订单，速卖通有权对评价及销量作不计分、屏蔽、删除等处理，异常订单包括但不限于以下情形：

①交易主体被排查为在注册、登录、交易、评价、退款、售后等环节明显异于正常交易的。

②存在扰乱速卖通平台或商家经营秩序情形的订单。

③其他对终端消费者不具购物决策参考意义的订单。

在订单交易中，可能会遇到买家给予差评或评价中包含侮辱性言论等情况，如果差评是双方存在误会导致的，可以主动与买家沟通消除误会，并在评价中做出解释，这样其他买家看到也会进行综合评估。

针对包含了侮辱性言论或是不宜公开展示的个人信息的评价，卖家可以向速卖通人工客服投诉。卖家可在评价投诉10个工作日后关注订单的评价变化情况，若该评价投诉成功，买家将无法看到该条评价记录。

卖家可在卖家后台"交易/管理交易评价"页面查看并回复买家评价。注意，卖家若要对评价进行回复解释，需在评价生效后的30天内进行，逾期将不能操作。

5.2.7 商品无忧退货保障规则

无忧退货（free return）是阿里巴巴联合保险机构为速卖通平台商家推出的全线上保险服务，该保障需商家自主报名参加，已覆盖俄罗斯、美国、西班牙、法国、智利、日本、乌克兰和墨西哥等国家，其他覆盖的国家可在速卖通后台查看。

在跨境交易中会因为物流问题而无法提供本地退货，无忧退货通过提供买家国本地仓为退货地址，实现商品本地免费退，提升买家购买体验的同时也能降低卖家的售后成本。无忧退货保障计划收费理赔规则见表5-4。

表5-4 无忧退货保障计划收费理赔规则

项目	规则
收费标准	收费标准 = 订单实付金额 × 保费费率
理赔金额	订单支付金额，不含任何形式的店铺优惠、运费和税费
保费费率	暂按1.3%收费，后续将于每个季度根据店铺交易表现调整费率，调整后的费率在0.6%~3%区间浮动，具体以速卖通页面显示为准
赔付上限	1 000美元/6 000人民币及以下按实际金额进行保障，1 000美元/6 000人民币以上按1 000美元/6 000人民币进行保障，投保上限1 000美元，超过1 000美元的商品也按1 000美元投保收费

参加无忧退货保障计划的商家和产品均有"Free Return"服务标识，买家退货通过质检，商家即可获得全额赔付。

注意，定制类、贴身内衣类、食品类、成人用品、虚拟类、二手商品不能参加无忧退货保障计划。卖家可通过"商品/售后和服务/无忧退货保障计划"页面申请加入无忧退货保障计划。

一笔无忧退货保障的订单，买家可享受一次免费本地退货，退货运费由第三方服务商承担。若买家在一笔订单下发起多笔退货，可建议买家合并退货，买家仍可以享受免费本地退货。

5.3 店铺运营打造"爆款"产品

对于跨境电商而言，消费者只能通过店铺上的文字和图片来了解产品，因此店铺和商品的视觉设计格外重要，而要提升流量和转化则要做好店铺的基础运营，打造属于自己店铺的爆款商品。

5.3.1 店铺视觉形象营销设计

良好的店铺视觉形象设计是提高产品附加值和店铺浏览量、转化率的重要手段。对速卖通店铺进行视觉形象设计可从以下三方面入手：

（1）店铺名称

店铺名称会影响消费者对网店的印象，也是买家搜索进店、了解商家品牌的途径，好的店铺名称有助于建立品牌形象和提高知名度。商家可从店铺特色、产品和服务、企业名称、营业类目、目标人群等角度来为店铺取名。在为速卖通店铺取名时要注意以下两点：

①速卖通店铺名称的展现形式为×××store，其中"×××"部分为

自定义的店铺名称。

②速卖通店铺名称只能包含英文字母、阿拉伯数字、空格或标点符号，并且空格和标点符号不能出现在店铺名称首部或尾部。

好的店铺名称应简短便于发音，以让消费者很好地区分和记忆，可在店铺名称中加入行业关键词、目标人群词，强调店铺的定位。

（2）店铺 logo

店铺 logo（店铺标志）会展示在店铺首页、商品详情页和会话窗口等页面中，是消费者识别店铺的重要工具，也是品牌宣传的重要方式，选用合适的 logo 能有效提高进店率和购买率。

速卖通店铺 logo 支持 jpg、jpeg、png 等格式，大小不能超过 1 米。在网页中展示时，店铺 logo 会缩放，为保证展示效果，logo 的主体应清晰不模糊，品牌名最好放在画面中心位置突出显示。

（3）店铺页面

在商家后台"店铺装修"页面可以对店铺页面进行装修，店铺首页是商品展示的主要页面，也是需要重点装修设计的。除此之外，还有自定义页、新品页面、品牌故事页、大促承接页等商品展示页，卖家可根据店铺需要对各个页面进行装修：

①新品页面是指店铺首页新品 TAB 里的内容装修，支持自定义装修。

②品牌故事页目前只针对品牌官方店，是品牌宣传的页面，支持自定义装修。

③大促承接页（一般以平台活动名称命名），仅限于报名平台大促活动且审核通过的商家，会在大促承接页开放装修之后展示。

对于新手卖家来说，可以选择装修模板来对店铺进行装修。选择模板时需要考虑模板的设计和功能是否符合店铺风格和需求，卖家可以选择官方提供的模板或者第三方设计师模板（一般情况下需要付费购买）。使用模板进行店铺装修时，相关模块会按一定顺序排列在右侧边栏中，可根据需要添加合适的模块，图5-3为手机店铺模板装修页面。

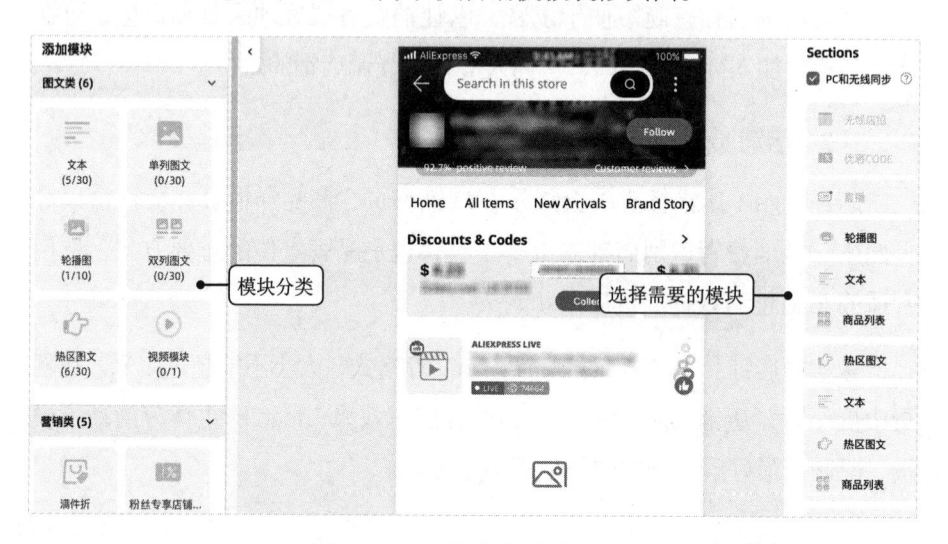

图 5-3　手机店铺模板装修页面

速卖通店铺模块分为图文类、营销类和产品类，图文类有文本、单列图文、双列图文、轮播图、热区图文；营销类有满件折、粉丝专项优惠券、粉丝专项折扣商品、邀请活动、店铺签到有礼；产品类有产品列表、排行榜、猜你喜欢、新品、智能分组。部分模块不支持自主编辑，比如猜你喜欢按买家特性系统自动推荐，排行榜则展示店铺前三热卖商品。

店铺页面可供商家发挥的空间很大，一个合格的、有记忆点的店铺装修，是能够帮助实现引导成交、粉丝数量增长等店铺运营目标的。下面以速卖通PC端为例，结合具体的案例来介绍店铺装修中一些促进购买转化的技巧。

实务范例 手表店铺装修设计

为促进店内商品的购买转化，网店店铺一定要让买家更方便地找到自己想要的商品。店铺导航是买家浏览店铺的重要工具，导航的路径要方便进店用户找品，可以在导航中添加新品、畅销品等模块，同时注意导航的排版和美观程度，以更好地引导买家进入商品页面。

商品分类是店铺的重要组成部分，分类同样需要方便买家找品。可根据商品种类、属性等因素来设置分类，同时注意分类的数量和层次，以提供良好的购物体验为佳。

为提高店铺客单价，可在店铺首页添加营销模块，如满件折、满包邮、满减等。首页的前三屏为店铺的黄金位置，在装修店铺时，可以把畅销品、新品、点击率高的商品放在前面展示，提高全店转化率。从促进粉丝数量增长的目标出发，还可以在店铺首页设计关注版块，引导进店用户关注。如图5-4所示。

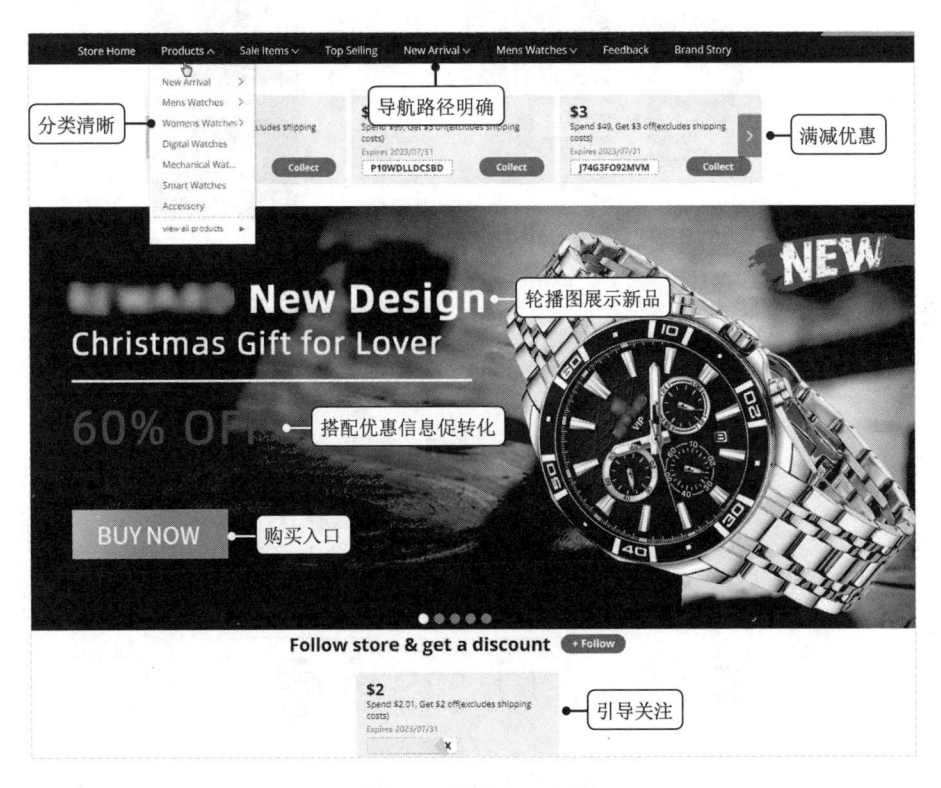

图5-4 店铺首屏页面

商品页面是买家选购的重要页面，进入第二屏后可以重点展示商品信息。本案例在第二屏设计了商品分类导航栏，能让买家更清楚地了解店铺有哪些商品，同时也提供进入不同商品页面的路径。虽然导航栏中也有商品分类路径，但很多买家并不会通过导航栏进入商品选购页，因此，在第二屏设计商品分类栏是很有必要的，可提升购物体验。为保证视觉效果，同时吸引买家的注意力，重要信息可在字体、颜色上做突出处理。

在店铺的多个页面都可以添加限时秒杀、折扣优惠等营销内容，这能增加店铺看点，也能更好地促进店铺页的转化率。商品展示页的布局以整洁、清晰为佳，尽量使用高质量的商品图片，合理运用留白来分隔不同的商品信息和模块，提升视觉体验，如图5-5所示。

图5-5 店铺第二屏页面

如果店铺商品不多，可以只做前三屏，设计很长的首页并不会增加用户的停留时间,反而会影响打开速度。第三屏一般全面展示店内商品,以列表形式进行呈现。

店铺设计好以后可站在买家的角度体验浏览和购买的过程,看看店铺能否解决以下两个问题,以了解哪些地方需要优化调整。

①能否在短时间内清楚店铺是卖什么的。

②能否方便买家快速找到想要购买的商品。

5.3.2 设计高点击率的产品图片

商品图片会直接影响点击率,进而影响店铺订单量。在速卖通发布商品时,可以上传六张商品图片和一张营销图。其中,商品图片是必须上传的,第一张商品图为主图,营销图又称为第七张图,图 5-6 为商家后台商品图片上传页面。

图 5-6　商品图片上传页面

营销图为长图,应用于搜索结果页和个性化推荐页中,美观的营销图有助于提升商品转化率。营销图的尺寸与商品图片不同,宽高比为 3∶4,建议尺寸为 700×1 000px。

商品主图相当于产品的名片,不仅会影响点击率,还会影响产品的曝光和平台营销活动的入选概率。优质的商品主图首先要满足以下几点:

①图片清晰不模糊，背景不杂乱，建议为白色或纯色背景，以不妨碍商品主体展示为原则，图片尺寸为 800×800px 以上，宽高比建议在 1∶1～1∶1.3 之间。

②图片中没有水印或促销信息，如果要在图片中展示品牌 logo，logo 统一放在图片左上角。

③商品主体最好占画面一半以上面积，不要让其他无关的视觉元素抢夺注意力，图 5-7 为商品图片示例。

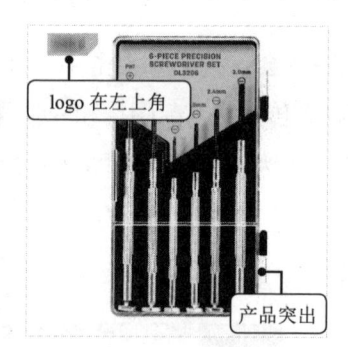

图 5-7　商品图片展示

商品图片建议上传五张以上，同时要注意图片展示的顺序，不同产品图片展示顺序可有所区别，常用的展示类型和顺序如下：

第一张最好选择能够展示商品整体特征的图片，如商品正面图和模特实物图等。

第二张可以选择实物场景图、产品背面图和侧面图等，突出产品的使用场景或其他角度。

通过第一张和第二张图，买家对产品外观和使用场景有了初步了解，第三张图可以展示能体现产品风格、特征和属性的图片，如场景实拍图、功能展示图和细节图等。

第四张和第五张重点展示细节图，以突出产品卖点、细节和独特的优势，如做工图、材质图和功效描述图等，实物图建议采用近景特写展示方式。

第六张图可根据需要灵活安排，可以是关于产品的其他说明，如尺寸说明、功能说明和物流时效说明等。

服饰行业商家建议上传营销图，相比1∶1比例的商品图片，营销图更长，用于展示服饰视觉效果会更好。营销图也要注意商品质量，图片应为实拍图，不能拼图。营销图可以为模特图或非模特图，模特图尽量全身展示，裤装、半身裙从腰到脚或从头到脚；上装、连衣裙从头到脚或从头到膝盖。非模特图应将服饰平铺展示，不能折叠展示。

5.3.3 有效的店铺活动促进成交

速卖通的店铺活动有多种类型，包括店铺优惠券、满减活动和单品折扣等，卖家可在商家后台"营销活动/店铺活动"页面设置店铺活动。不同的活动类型使用场景和特点不同。

（1）店铺优惠券

优惠券是店铺运营最常用的促销工具之一，速卖通店铺优惠券可用于店铺自主营销，具有刺激转化达成成交的作用。在使用店铺优惠券时，可以通过设置使用门槛来挖掘买家的消费需求，从而提高客单价；还可以通过设置优惠金额来让利消费者，从而引流促转化。速卖通常用的优惠券有领取型、定向发放型和互动型，这三种类型优惠券的特点见表5-5。

表5-5 店铺优惠券特点

类型	特点
领取型	可用于引流拉新和转化，消费者可在商品详情页、购物车、店铺主页查看并领取该优惠券
定向发放型	可用于人群定向营销，以客户营销为例，可在买家会话页面发送定向优惠券给意向客户，以促进成交
互动型	可用于引流和积累粉丝量，如让买家通过参与互动游戏来获取优惠券

（2）满减活动

营销活动的目的是提升店铺销量或提升客单价，而满减活动就具有这样的作用。速卖通支持满立减、满件折和满包邮三种活动类型，三种都是店铺自主营销工具。满减营销要想取得好的效果，还要掌握一定的运营技巧，具体如下：

①根据店铺的营销计划来规划满减活动类型，若满减活动要和店铺其他活动优惠叠加使用，则需要考虑折扣后的利润。

②满立减可设置全店铺商品或部分商品，要根据自身经营状况来设置促销规则，最大折扣率要在可接受范围内（折扣率＝减免金额÷原价×100%）。满立减活动尤其要做好凑单产品和满减梯度的规划，凑单产品通常选择毛利高、单价低的产品，方便买家获得满减优惠，满减定价可通过产品成本＋满减值＋利润来计算。

③针对部分商品做满减活动，以打造爆款商品，同时搭配客服做营销，引导客户下单。

④满件折更适合凑单囤货，也可以用于清库存，选择店内复购率高、买家一次下单量多的商品做满件折活动效果会更好。

（3）单品折扣

单品折扣是店铺自主营销的核心工具，为速卖通商品设置单品折扣后，主图会有折扣标识，商品详情页也会有对应的优惠折扣标识。单品折扣的设置有以下技巧：

①折扣单品的库存量可以设置得低一些，以营造促销氛围，促使买家更快下单。

②高折扣比例有助于提升转化率，但也要考虑利润。注意避免提价后再打折，这会影响商品的搜索排名。

③店铺的潜力商品、新品比较适合做单品折扣，以实现快速推新

品、造爆品。

④可结合其他付费营销工具推广折扣单品，吸引更多买家进店，提升单品营销的效果。

5.3.4　做好商品发布提升曝光转化

要做好速卖通店铺的运营，除了要了解平台的基本规则外，还要及时关注平台发布的最新消息，因为规则可能会有变化。除此之外，要避免商品发布过程中的一些错误行为，这会严重影响流量和排名，甚至可能导致账户被冻结或关闭。下面来看看商品发布过程中常见的一些错误行为。

（1）类目错放

类目错放是指商品实际类别与发布商品所选择的类目不一致，比如"数码相机"放到"女装"类目；赠品、补运费、补差价等特殊交易未放置到其他特殊类中。

类目错放会导致网站前台商品展示在错误的类目下，平台也会进行规范处理，包括但不限于调整搜索排名、删除商品、下架商品等措施。在发布商品时，卖家要正确填写类目信息。如果不清楚商品应该发布在哪个类目，可以在速卖通中搜索相似商品，通过商品 ID 查询类目。

实务范例　**查询商品类目**

在速卖通中进入相似商品的详情页，在上方地址栏可以看到商品链接，链接中的一串数字就是商品 ID，复制该商品 ID，如图 5-8 所示。

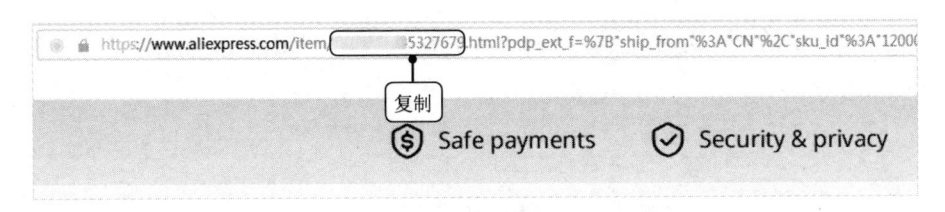

图 5-8　复制商品 ID

在类目查询工具中输入商品 ID，单击"Submit（提交）"按钮，查看查询结果，如图 5-9 所示。

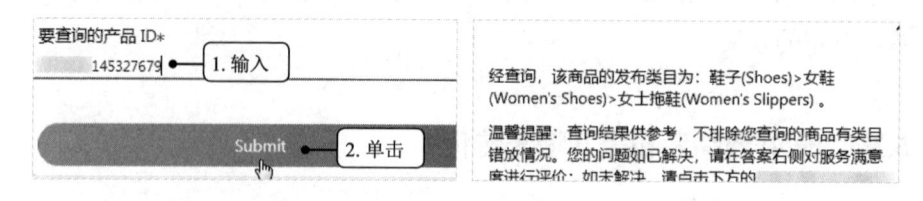

图 5-9　查看商品类目

卖家可以在速卖通"客服"窗口输入"产品类目查询工具"关键词获取查询工具，也可以使用第三方查询工具，如图 5-10 所示。

图 5-10　获取查询类目工具

注意查询结果仅供参考，卖家仍需要对自身商品所属类目有正确的判断。若发现有错放产品类目的情况，要及时进行修改。

（2）属性错选

完整且正确的产品属性有助于提升商品曝光率，产品属性中带"*"的为必填项，带"!"的为关键属性，系统有展示但无特别标注的为非必填属性，自定义属性可以根据商品特点来决定是否填写，图 5-11 为产品属性填写页面。

图 5-11　产品属性填写页面

属性错选是指虽然发布的商品类目正确，但选择的属性与商品的实际属性不一致，如商品袖型为短袖，发布商品时却错选为"长袖"属性。属性错选可能导致商品展示在错误的属性下，同时还可能受到平台的处罚。

（3）重复铺货

重复铺货是指重复销售相同的商品，包括在同一店铺重复发布产品信息完全相同或雷同的商品，或者在开设的两家及以上店铺中发布重复产品。例如商品主图完全相同，标题、属性、价格等信息高度雷同；商品主图为不同颜色的主图，但标题、属性、价格等信息高度雷同；主图拍摄角度或背景不同，但标题、属性、价格等信息高度雷同，这几种情况都会被视为重复铺货。针对重复铺货的商品，速卖通平台会采取删除商品、调整搜索排名、下架商品、屏蔽商品等违规处罚，因此，卖家切勿重复铺货。

卖家在发布商品时要注意避免直接引用已有商品的主图或者直接拷贝已有商品的标题和属性，以规避重复铺货。如果商品诊断中提示账号中有重复铺货的产品，那么需要及时确认。若为重复商品，保留一个，其余商品删除；若不是重复商品，及时编辑调整商品信息。

5.4 速卖通站内运营策略

想要帮助提升店铺的曝光度、增加销售，不能忽视速卖通站内的运营，站内运营需要从多方入手，如选品、搜索优化和营销推广等。

5.4.1 速卖通有效选品的方法

选品是迈向成功的第一步，直接关系到后期的店铺运营。可以说只有选对了品，才有可能产生爆品。速卖通中的 TOP 卖家都很注重选品，并且深度了解目标市场和行业产品。那么如何有效选品呢？

（1）站内选品

通过站内热销商品可以帮助卖家了解到市场上哪些商品受到消费者的欢迎。在速卖通中通过关键词搜索想要销售的商品，搜索结果默认按综合排序，可单击"Orders"查看销量排序，图5-12为手机端搜索结果页面。

图5-12　查看搜索结果

在搜索结果中，卖家需要重点关注三个选品方向，一是销量排名靠前的商品；二是付费推广的产品（会有"AD"标识）；三是发布时间不久但有一定销量的商品。

销量排名靠前的商品可能是当前的爆款商品，付费推广产品、发布时间不久但有一定销量的商品，可能成为未来的潜力商品，后者是重点选品目标。卖家需要注意一点，若只是跟随平台上的热销爆款商品进行选品，在自身产品没有足够优势的情况下，可能很难获得好的销量。因此，在跟爆款时需要分析自身产品优势，如果产品在价格、质量等方面具有优势，那么可以作为备选商品，同时要重点选择有爆款潜力的商品。

（2）生意参谋选品

生意参谋是商家统一的数据平台，在生意参谋中卖家可以查看到很多对选品有帮助的数据，如行业数据、搜索数据和商品数据等。通过这些数据卖家可以了解到搜索人气、交易量大小和供需活跃情况等，卖家可以将这些数据导入 Excel 中进行分析，以此找到合适的品类，比如可通过搜索指数和交易指数的比值来判断相关行业/品类的成交率。另外，生意参谋中的选品专家也是很实用的一个选品工具，通过选品专家卖家可以查看热销和热搜商品。

打开选品专家后，选择目标类目、国家和周期。在"热销"栏中，圈的大小表示销售热度，圈越大该产品销售量越高，颜色越红表示竞争越激烈。卖家可以通过不同类目的销量情况和竞争程度来选择合适的品类，建议选择竞争不太激烈且销量高的类目，如图 5-13 所示。

图 5-13　生意参谋选品专家

单击具体的类目圆圈后，还可以查看目标类目下的 TOP 关联商品。在关联商品页面，圆圈面积越大表示产品销售量越高，连线越粗表示买家的关注度越高，颜色越深表示竞争力越大。建议选择销量高、关注度高、但竞争力较小的类目。

在"热搜"页面，可以查看目标类目的销量表现及属性组合，圈越大同样表示销量越高。单击具体的类目圆圈后，可以查看目标类目下的关联产品。在热搜关联产品页面中，圆圈面积越大，产品搜索量越大，连线越粗表示搜索关键词A又搜索关键词B的买家越多。

5.4.2　搜索优化提高自然排名

产品排名是影响曝光量的重要因素，排名靠前的商品更容易被买家浏览并点击。速卖通的搜索目标是帮助买家快速找到想要的商品并且能够有比较好的交易体验。那么如何才能让商品排名靠前呢？最好做到以下五点：

（1）保证商品信息的描述质量

如实描述商品信息是基本要求，在发布商品时需要真实、准确地填写商品信息，虚假描述容易引起纠纷，也会严重影响商品排名，甚至会受到平台的违规处罚。另外，商品的描述信息应尽量做到准确完整，应注意以下几点：

①标题是影响搜索的关键因素，商品标题应让买家一看就知道销售的商品是什么，从而吸引买家进入详情页进一步查看。在填写商品标题时，务必清楚描述商品的名称、品牌、型号以及其他关键特性。

②准确选择商品类目，不要将商品放到不相关的类目中，错放类目不仅会影响买家对商品的搜索，情况严重还会受到平台的处罚。

③尽量完整和准确地填写商品属性，商品属性能帮助买家判断该商品是不是他们想要的。

④使用高质量的图片展示商品，可多角度展示，并用清晰美观的图片展示商品细节，以帮助买家快速了解商品。注意不能盗用其他卖家的图片，盗图将会受到平台严厉的处罚。

⑤做好商品详情描述，最好能够图文并茂地向买家介绍商品的功能、材质、质量和优势等，清晰的实拍产品图加上美观、整洁的图文排版设计，

既能够吸引买家眼球，也能提升商品成交的机会。

（2）提高商品与买家搜索需求的相关性

相关性是速卖通搜索引擎技术里面一套非常复杂的算法，买家的搜索与商品的相关性越高，排名就越靠前。系统在判断相关性时主要考虑商品标题，除此之外，还与商品类目、商品属性以及商品详细描述内容有关联。以下几点可以帮助商品获取更多曝光机会：

①重视标题描述，保证标题能真实准确地概括商品，同时注意海外买家的语法习惯，避免错别字或语法错误，商品描述不要千篇一律，买家也会产生审美疲劳。

②标题应避免关键词堆砌，关键词堆砌并不能帮助提升排名，反而会被搜索降权处罚。关键词堆砌是指同样的关键词在商品标题中反复出现，如"glasses Blue glasses Blue glasses"这样的标题就属于关键词堆砌。

③不要为了获取更多曝光而在标题中添加虚假描述，比如销售的商品是Jacket，为获取曝光在标题中使用T-shirt这一关键词。系统算法可以监测此类的作弊商品，同时虚假的描述也会影响商品的转化情况，得不偿失。

④保证商品其他信息的真实准确性，如类目、属性和详细描述，有助于买家通过关键词搜索和属性筛选快速定位到我们的商品。

（3）提升商品的交易转化能力

速卖通很看重商品的交易转化能力，平台会综合商品曝光的次数以及最终促成的成交量来衡量一个商品的交易转化能力。商品的转化能力高，表示买家需求高，商品有市场竞争优势，排名也会靠前；反之，商品的转化能力低，排名会靠后甚至没有曝光的机会，从而逐步被市场淘汰。

在运营店铺的过程中，卖家要多做数据分析，把握市场趋势，做好商品选品，为海外买家提供符合其需求的产品。同时保证商品品质，设置合理的价格、运费，做好售后服务提升商品转化能力。

（4）提升服务能力

除商品本身的质量外，卖家的服务能力是最直接影响买家购物体验的因素。在搜索排名上，速卖通会非常看重卖家的服务能力，能提供优质服务的卖家排名将靠前，服务能力差、投诉多的卖家排名会严重靠后，甚至无法参与排名，同时也可能会受到平台的相关处罚。卖家服务能力的高低主要从以下方面来判断：

服务响应能力：指在阿里旺旺（trademanager）以及Contact Now邮件的响应能力，合理保持旺旺在线，及时答复买家的询问将有助于提升服务响应能力评分。

订单执行情况：买家下单后，卖家要在承诺的发货时间内及时处理订单，应避免无货空挂、拍而不卖的行为，会严重影响所有商品的排名情况，情节严重的，将导致所有商品不参与排名。

订单纠纷、退款情况：准确描述商品信息、保证商品质量能够有效减少订单纠纷和退款情况。在店铺经营过程中，难免会遇到买家对产品或服务不满意的情况，这时卖家应主动与买家沟通、协商，要特别避免平台介入处理纠纷的情况。

DSR评分情况：DSR即卖家服务评级系统（detailed seller ratings），简称DSR。DSR评分反映了交易结束后买家对于商品、卖家服务能力的评价，系统会优先推荐DSR评分高的商品和店铺，给予更多曝光机会和推广资源。卖家需要重视DSR评分，并提高DSR评分。

（5）避免搜索作弊行为

速卖通会对搜索作弊行为进行日常的监控和处理，常见的搜索作弊行有类目错放、重复铺货、商品标题关键词滥用、价格作弊（如以较大偏离正常销售价格发布商品）、运费倒挂（商品本身设置较低的价格，但运费设置偏离正常运费的高价）、信用及商品销量炒作（通过非正常交易手段提高商品销售及信用的行为）等。卖家不要抱着侥幸心理去尝试作弊提升曝光和排名，也不要模仿其他卖家已有的作弊行为。遵守平台规则，诚信经营才能保证店铺的持续发展。

> **知识扩展** 如何提升 DSR 评分
>
> DSR 评分是买家对卖家的单向评分，包括三大评分项，卖家可分别对以下三个评分项进行优化，以提升 DSR 平均分。
>
> DSR 商品描述（item as described）：如实填写商品的详情页面，增加产品信息量。
>
> DSR 卖家服务（communication）：24 小时之内回复买家消息；建立快速回复模板；回复时给出详细、精准的产品信息。
>
> DSR 物流（shipping speed）：完善物流政策和细则，如发货、运输说明、退货说明等；选择优质的物流供应商。

5.4.3 直通车营销精准定位海外买家

直通车是速卖通提供给商家的点击付费的推广服务，直通车在 PC 端和移动端都有展位。PC 端的推广位在主搜页和搜索页底部的智能推荐位，移动端的推广位含 App 端和手机网页端，移动端 App 推广位动态变化，最好可出现在主搜页的第二位。

直通车可以帮助商品在多个关键词的黄金位置优先展现，如果买家只是浏览，并没有点击商品，则不会扣费，这就能帮助商品在获得更多曝光的同时，更精准地定位潜在买家。

直通车商品也会有排序，影响排序的因素有推广评分和关键词出价，推广评分与关键词出价越高，排名靠前的机会越大。其中推广评分主要用于衡量推广的商品在该关键词下的推广质量，主要影响因素如下：

①关键词与推广商品的相关程度，如商品标题、类目和属性等。

②推广商品的信息质量，如属性填写的完整程度和描述的丰富度等。

③买家喜好度，如点击、下单和评价等行为。

④商家的账户质量，如商家账号和商品的处罚情况。

直通车的推广评分分为"优""良""--"三档，其中，"优"表示有资格进入搜索结果首页右侧位置，但是否实际进入，还要取决于实际出价人数和出价情况；"良"说明推广评分较差，没有资格进入搜索结果首页右侧位置；"--"表示推广评分很低，无法参与正常投放。

为保证直通车推广效果，卖家最好定期对推广商品信息描述进行优化，同时选择正确的推广行业，以持续提升商品推广评分，同时设置具有竞争力的出价。

卖家可以在商家后台"营销中心"新建直通车推广计划，推广计划分为重点和快捷推广计划两种：

重点推广计划：适用于重点商品的推广管理，最多可以建10个重点计划，每个重点计划最多包含100个单元，每个单元内可以选择一个商品，建议选择市场热销或自身有销量和价格优势、转化高、评价好的商品。

快捷推广计划：适用于普通商品的批量推广，最多可以建30个快捷推广计划，每个计划最多容纳100个商品、20 000个关键词。

注意，并不是所有的商品都可以进行直通车推广，参与直通车推广需满足以下条件：

①已通过网站审核的上架商品。

②未过期的商品。

③未在其他推广计划中添加过的商品。

除了直通车外，速卖通还为商家提供了其他营销工具，卖家可根据自身店铺运营情况选用。

第6章

Shopee平台规则与运营实务

　　Shopee 的主要目标市场是东南亚和拉美地区，覆盖新加坡、马来西亚、菲律宾、泰国、越南、巴西、墨西哥等国家。在 2023 年度，Shopee 在东南亚购物类 App 中下载量榜单第一，且在拉美市场强势崛起，是增长快速的高潜力跨境电商平台。

6.1 认识 Shopee 平台

Shopee 成立于 2015 年，致力于构建一站式跨境出海方案。Shopee 的核心策略是专注移动端，因地制宜深耕本地。Shopee 在各市场推出了独立的 App，进行差异化运营，这也使得 Shopee 具有活跃的社交互动属性。

6.1.1 Shopee 对跨境卖家的支持

为了更好地帮助有跨境需求的企业及商家出海，Shopee 为跨境卖家提供了各种服务支持，包括物流、支付、语言和流量等方面。

（1）物流

Shopee 为跨境卖家提供 SLS 物流服务，SLS 全称为 Shopee Logistics Service，是 Shopee 跨境业务的物流服务体系。SLS 物流服务具有以下优势：

发货便捷：卖家仅需根据物流要求打包好产品，将包裹运送至转运仓，无须担心后续物流，后续的出口清关、配送，Shopee 会帮助卖家一站式解决，部分城市更有 Shopee 上门揽货服务。

运费便宜：Shopee 物流服务的配送价格低于市场价，这能帮助卖家降低物流成本。

时效快：一般情况下中小件通过空运送达，统一的调配及迅速的运输流程也能提高运输时效。

（2）支付

为提升中国跨境卖家资金管理的安全性和便捷性，Shopee 联合第三方支付机构推出了一站式官方跨境收款服务。卖家可开通 Shopee 官方钱包，使用 Shopee 官方钱包实现多店收款、资金管理、换汇提现等。Shopee 官方钱包具有安全合规、便捷省心和低费率等优势，卖家可在卖家中心后台"财务/Shopee 官方钱包"开通服务。

（3）语言

Shopee 所覆盖市场中有很多都是多语种站点，为帮助卖家更好地与买家沟通交流，平台为中国卖家提供中文自动翻译功能，卖家可使用平台提供的人工智能系统"聊聊工具"与买家进行交易沟通。

（4）流量

Shopee 构建了站内外引流矩阵，可通过多渠道引流。在站内 Shopee 也提供了丰富的促销活动，如 9 月 9 日超级购物日、11 月 11 日超级大促、12 月 12 日生日大促等，帮助卖家打造爆单旺季。

6.1.2　Shopee 卖家注册和入驻

卖家可通过 Shopee 官方网站和微信公众号等平台提交入驻申请，在提交入驻申请前，平台会要求卖家注册主账户。主账户又称为母账户，是权限最高的卖家账号，主账户可以管理公司的所有店铺，并可以创建子账户。子账户可以设置不同的权限，一般给店铺运营人员、客服等使用。

在申请入驻前准备好需要的资料，能够更快地完成入驻，需要准备以下开店材料：

法人材料：法人身份证正反面照片（用于实名认证）、法人根据提示录制认证小视频（用于人脸认证）。

基本信息：包括联系人姓名（可以是法人也可以是店铺运营人）、公司邮箱、联系人手机号、过往主要运营经验。

公司信息：营业执照原件（正副本）照片、营业执照公司名称、营业执照统一企业信用代码、办公地址。

入驻过程中可能还需要提交其他验证材料，其他验证材料为常见的复审材料，一般是初审材料不清晰才会导致复审。Shopee 申请开店入驻主要有四大步骤，分别是创建主账号、填写入驻信息、资质审核和销售权激活。

实务范例 线上创建 Shopee 卖家主账号

进入 Shopee 官方网站，在首页单击"立即入驻"按钮，在打开的页面中单击"填写申请表"按钮，如图 6-1 所示。

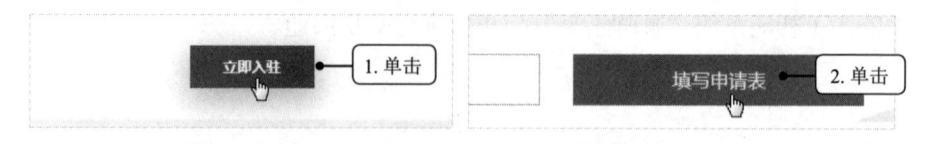

图 6-1　进入 Shopee 官方网站

在打开的页面中单击"点我注册"按钮，在打开的对话框中阅读"主账号申请用户须知"，阅读完成后单击"我已阅读并确认注册"按钮，如图 6-2 所示。

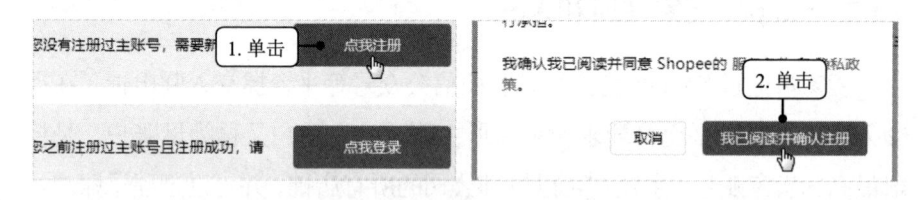

图 6-2　阅读主账号申请用户须知

进入账户申请页面，填写电话号码和邮箱，单击"下一步：设定登入信息"按钮，填写登录信息，单击"下一步：验证"按钮，如图 6-3 所示。

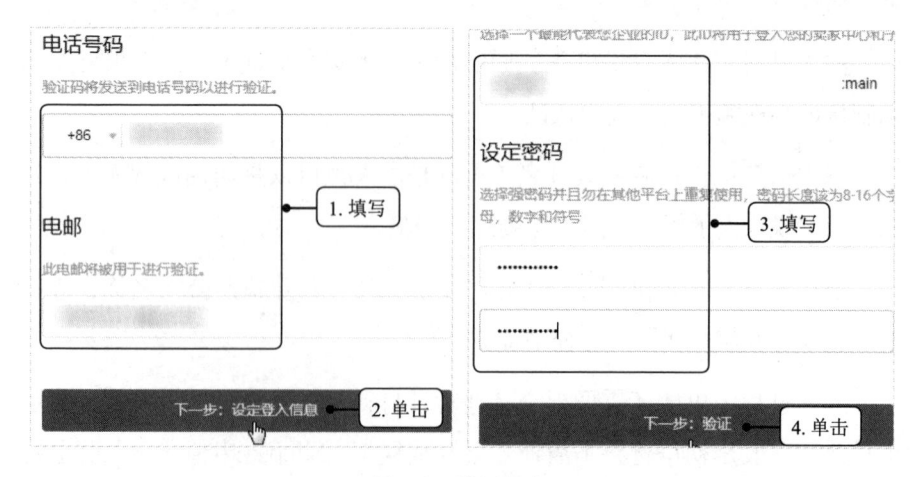

图 6-3　填写信息

在打开的页面中输入手机验证码，单击"验证电话号码"按钮，验证成功即完成主账号注册申请，完成注册后可登录账号提交入驻申请，如图 6-4 所示。

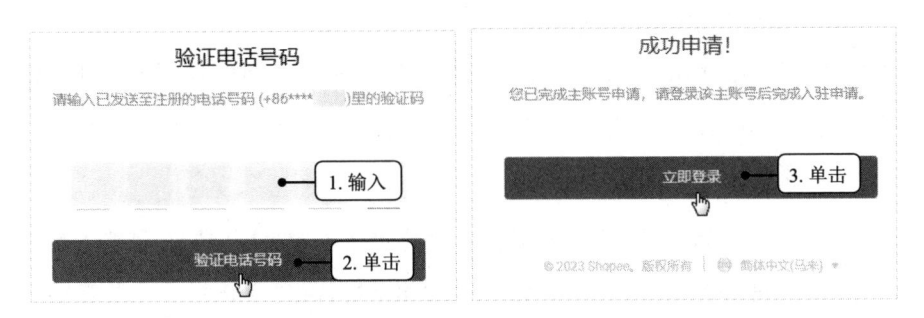

图 6-4 完成主账号注册

注意，登录账号时需要在账号名后加上":main"。入驻申请信息提交成功后，可在页面中单击"申请开店"按钮开通无销售权店铺。当店铺注册成功后，店铺邮箱以及联系人邮箱将会收到一封欢迎邮件。店铺资料完成审核，且绑定收款账户、缴纳卖家保证金后，店铺会自动转化为有销售权店铺。

6.2　Shopee 平台必知的规则

无论经营哪个跨境电商平台的店铺，在正式运营店铺前，都需要了解平台规则，这有助于店铺合规经营，同时也能规避风险、维护商誉。

6.2.1　不同站点禁限售商品规则

禁售商品是指当地法律法规或 Shopee 商品规范不允许销售的商品，包括以下几类：

①各个国家和地区不允许在网上销售的产品。

②各个国家和地区仅允许持有当地营业执照卖家销售的产品。

③各个国家和地区海关原因禁止销售的产品。

卖家需要定期查看 Shopee 当地更新的禁止和限制销售的产品政策，以巴西站点为例，禁止销售的商品／服务包括但不限于隐形眼镜（包括无处方的有色隐形眼镜）、电视盒子、盲盒、牙齿美白类产品、侵犯知识产权（IPR）的产品，部分商品则有限制要求。

①食品、药品、保健品、化妆品和医疗设备（如医用口罩、针头）等，必须对产品进行评估并获得 ANVISA 的批准。ANVISA 为巴西卫生监管局，是负责管理和审批存在健康风险产品的机构。

②婴儿／儿童用品（如奶瓶、奶嘴、婴儿车）、玩具、汽车零部件、电子产品和家用电器等，需进行 INMETRO 认证，经过认证的产品上应贴有 INMETRO 的标志。INMETRO 为巴西国家计量、标准化和工业质量研究所，负责对产品是否符合质量标准进行认证。

③使用蓝牙技术的产品（如蓝牙耳机）、移动电话、无人机、电视机和电视配件、网络组件、安全摄像机和系统等，需要获得 ANATEL 批准，销售商必须在产品上展示 ANATEL 认证标签。ANATEL 为巴西国家电信局，负责管理巴西的电信设备和广播。

针对需要 ANVISA、INMETRO、ANATEL 注册或认证的商品，在上架前就应确保已经获得所需机构的批准，并在适用的产品上显示认证标志，否则 Shopee 将删除该商品。如果店铺被发现多次上架没有相关监管机构批准或不符合规定的商品，则店铺可能被冻结。

另外，部分站点的当地法律法规还规定一些特定类目的商品不允许设置促销。比如在巴西站点，奶粉、哺乳用品、婴幼儿副食、宝宝零食和奶瓶等不能参加促销活动，不能创建优惠券、套装优惠、加购优惠和店内限时抢购等促销活动。

6.2.2 店铺商品上架规则

卖家在店铺上架商品需要遵守Shopee的上架规则，避免产生违规行为。Shopee会对存在违规上架行为的卖家采取惩罚措施，主要的违规行为见表6-1。

表6-1 Shopee违规上架行为

违反商家规范	违规类型	细节
禁止刊登	上架禁止销售的商品	违反禁限售商品规则
	刊登广告或销售无实物商品	卖家刊登的商品图片中带有导向外部平台的内容水印
	同一商品ID下更换不同商品	对现有商品进行编辑来销售不同的商品，以维持销售数量或评论
	虚假折扣	在促销活动之前故意提高商品价格，以夸大所提供的折扣。
侵犯知识产权或假冒产品	侵犯知识产权	在商品中使用商标、版权或其他受知识产权保护的材料
	假冒产品	完全模仿现有品牌生产的商品，意图欺骗或欺诈
劣质刊登	使用非当地官方语言	—
	店铺名称违规	违规命名店铺名称，包括但不限于违规使用Shopee官方字段、冒犯或敏感词汇
	商品品类设置错误	若品类设置错误，第一次被平台发现，该商品将会被系统下架；若修改后仍为错误品类，该商品将被系统删除并产生相应的惩罚计分
	重复刊登商品	与同一店铺中的其他商品没有明显差异的商品
	误导性定价	卖家设置过高或者过低的价格以赢取更多的曝光量，但并不会真正卖出陈列商品的行为
	关键词/品牌滥用	在商品标题中使用不相关的搜索词
	属性滥用	在商品详情中使用了错误的属性
	图片质量不佳	商品占图片面积<70%
	违反特定品类商品售卖规则	如成人用品、盲盒类商品等

续上表

违反商家规范	违规类型	细节
重新上传相似的违规商品	重新上传相似的违规商品	因为违规被删除的商品，卖家重新上架相似的商品
在商品图片中使用误导性店铺标签	在商品图片中使用误导性店铺标签	未经授权及允许，将本应由Shopee官方根据卖家类型、表现自动生成的标签通过人为加入商品图片，包括但不限于以下情形： ①本土卖家标签。 ②优选卖家徽章

为避免违反上架规范而受到平台的处罚，卖家可以通过遵循以下规则来避免违反上架规范：

①在上架商品前对照"禁止刊登"规范进行检查。

②删除个人联系信息、任何误导性声明以及外部交易平台的链接。

③避免"劣质刊登"违规行为。

④不要重新上传因违反上架规范而被删除的商品。

⑤重新上架商品之前先查看和编辑不合格的商品。

6.2.3 卖家计分系统罚分规则

Shopee店铺未达成运营表现目标，会被系统计分，卖家可进入中国卖家中心在"数据/账户健康状态"页面查看计分记录。卖家计分系统会根据卖家上一周未达目标的违规项目，每周一更新计分，计分也表示店铺存在需改进的问题，计分维度和规则见表6-2。

表6-2 Shopee计分维度和规则

计分维度	违反类型	每周给予计分
违反上架规范	禁止刊登，包括售卖禁止上架商品或刊登广告等	最高2分
	劣质刊登，包括误导性定价、关键词的滥用和商品重复刊登等	

续上表

计分维度	违反类型	每周给予计分
违反上架规范	侵犯知识产权或假冒商品	最高6分
订单表现规范（NFR/LSR）	未完成订单数量和订单未完成率没有达到对应站点的要求	最高4分
	迟发货订单数量和迟发货订单率没有达到对应站点的要求	最高2分
客户服务	粗鲁或辱骂性聊天或评论	最高2分
	要求买家取消订单	
	聊聊回应率过低	
	引导买家在Shopee之外交易	关店
运输违禁品	寄运A类、B类禁运品	最高15分
运输空包裹或与订单不符的商品	订单不符，包括发出的货品与上架商品描述不符，或购买数量与包裹中商品数量不符	最高15分
刷单行为	通过创建虚假订单、评论、关注和点赞以促进出单的欺骗行为	最高15分

> **知识扩展** 什么是NFR和LSR
>
> NFR（non-fulfillment rate）指订单未完成率，是卖家在过去的7天内取消或退货退款订单数量占总订单数量的百分比。LSR（late shipment rate）指迟发货率，是卖家在过去7天内迟发货的订单数量占总订单数量的百分比。

如果卖家累积了大量积分，将受到相应的处罚，具体见表6-3。

表6-3 Shopee计分处分等级

累计计分	3	6	9	12	15	>15每3分
处分等级	1级	2级	3级	4级	5级	6级
禁止参加Shopee主题活动	○	○	○	○	○	○
无法享有Shopee运费或者活动补贴		○	○	○	○	○
商品将不会出现在浏览页面中			○	○	○	○
商品将不会出现在搜索结果中				○	○	○

续上表

累计计分	3	6	9	12	15	> 15 每 3 分
处分等级	1级	2级	3级	4级	5级	6级
不允许创建/修改商品（更改库存除外）				○	○	○
冻结账户					○	○

上述处分的持续时间为 28 天，28 天后将结束惩罚，但是所有累积的积分将保留至季度结束。

6.3 Shopee 新手运营要点

在店铺起步阶段，卖家需要遵守平台规则，通过做好站点规划和商品发布来帮助新店稳扎稳打，从而实现经营目标。

6.3.1 Shopee 站点该如何选择

Shopee 有多个站点，站点的选择决定了未来的目标市场，那么新手卖家该如何选择站点呢？卖家可以结合各地区的特点、市场潜力以及自身供应链优势来选择适合自己的站点。这里重点介绍马来西亚、新加坡和越南这三个市场。

（1）马来西亚

马来西亚位于东南亚的中心位置，其经济在东南亚较为发达，人均国民收入较高，主要语言包括马来语、英语和中文。中国是马来西亚主要的贸易伙伴，中国长期以来是马来西亚的重要贸易伙伴，马来西亚民众对中国的商品有较高的接受度和喜爱度，这为中国卖家开店创造了有利条件。

从马来西亚的电商市场规模来看，该地区的电商用户数量和线上消费持续增长，电商市场规模持续扩大，市场潜力大。2022年3月18日RCEP（区域全面经济伙伴关系）协议对马来西亚生效，这为跨境电商开拓马来西亚市场带来了诸多便利，如税收政策优惠和清关简化等。

马来西亚是一个多民族的国家，多元文化并存，对于首站选择马来西亚的卖家来说，要结合当地的文化特征来选品，尊重当地的习俗。马来西亚主要的网购人群以年轻人为主，母婴、时尚、美妆、家居和电子产品是热门消费品类。

（2）新加坡

新加坡是东南亚的一个岛国，是世界上重要的国际金融中心和航运中心。新加坡人口密度大，人均GDP高，具有很高的消费能力。新加坡本地供应有限，再加上宽松的进口政策，因此，当地倾向于购买进口商品在当地市场占比较大。

新加坡电商市场较为成熟，电商用户渗透率高且基础设施完善。新加坡的互联网和智能手机覆盖率高，5G网络覆盖率也较高，便捷的物流运输服务也提升了消费者的购物体验。这些都促进了电商发展，移动端网购受欢迎，跨境购物意愿普遍较强。在新加坡站点，时尚、生活日用品、快消品和电子产品等是热门消费品类。

（3）越南

越南是东南亚人口较多的国家，人口结构相对年轻，近年来经济增长态势良好，具有较大的市场潜力。其互联网普及率不断提升，电商市场规模增长迅速，政府也出台了一系列政策支持电子商务发展。物流行业的快速发展也为电商提供了有力支撑。

河内和胡志明市是越南重要的城市，网购消费者相对集中，越南北部和中部部分地区实体店相对较少，在一定程度上推动了电商的发展，而母婴、时尚、美妆和家居用品等也是越南电商市场的热门品类。

不过，具体情况可能会随着时间的推移和市场的变化而有所改变和调整。

6.3.2 商品编辑如何提高转化率

在 Shopee 平台卖家可通过全球商品和店铺商品来管理商品，全球商品和店铺商品是两个商品管理层级。在上传商品时，需要在全球商品中新增商品，然后再通过全球商品同步到店铺商品中。这两个管理层级可编辑的信息模块不同，具体见表 6-4。

表 6-4　全球商品和店铺商品信息管理模块

信息模块	是否可编辑	
	全球商品	店铺商品
商品名称、描述	√	√
规格	√	不可以新增 / 删除规划，但是可以编辑规格名称和选项
商品类目	√	不可以
品牌	√	不可以
必填属性 / 选填属性	√	不可以
图片（商品、规格、尺寸）	√	√
重量、包裹尺寸	√	不可以
出货天数	√	√
商品保存状况、货号	√	不可以
价格	不可以	√
库存	√	不可以
物流渠道	无入口	√

商家可进入"中国卖家中心 / 商品 / 全球商品"页面新增商品，在新增商品时需要填写商品基本信息、商品属性、销售资料、重量、尺寸和其他信息，准确完整的商品信息可以帮助买家全面了解商品，提高商品转化的同时减少退货退款。在编辑商品信息时，有以下技巧：

①商品标题：可以采用有品牌名和无品牌名两种标题方式，若要在标题中体现品牌，那么品牌词最好放在前面，如采用品牌词＋产品名＋产品规格／型号的标题方式。标题中如果不突出品牌词，那么可将产品名称放在前面，并在标题中体现产品的优势、功能和适用场景。根据各站点的实际情况，还可以加入热搜词，以提升商品标题点击率。

②商品类别：商品类目和属性需准确填写，商品类目和属性越完整、准确，就越能获得高的自然曝光，反之错误填写可能导致商品违规从而被降低搜索排名。发布全球商品时，系统会根据商品名称和图片推荐合适的类目，卖家也可以自行选择类目。

③商品描述：尽量提供完整的商品描述，卖家可从商品用途和优势、商品规格信息、商品保质期等角度来填写商品描述。针对一般的生活日用品，可以通过商品描述向买家展示商品的不同使用方式或场景，提升代入感。对于电子设备、机械工具等产品，则可以详细描述规格信息，如重量、尺寸和材质等。针对有保质期的产品，需要在商品描述中提供有效期说明。

④商品图片：发布商品时卖家可以上传封面图、细节图和商品尺寸表等来宣传商品，尽量上传优质的商品图片。

⑤商品视频：Shopee 支持上传商品视频，视频可以在短时间让买家轻松地了解商品。卖家可以通过商品演示来有效展示商品的使用方法，或者通过多角度镜头来展示商品功能和细节。

6.3.3 如何为店铺商品定价

商品价格会直接影响消费者的购买欲望，特别是部分对价格敏感的买家，他们会很关注商品价格。在新增全球商品时，可以将"全球商品价格"看作是商品成本价，即所有站点的商品成本是统一的。店铺商品的价格与"全球商品价格"是不同的，买家可以设置每个站点盈利的比例，系统会自动换算成店铺商品价格，因此，"全球商品价格"填写很关键。

店铺商品价格受全球商品价格、市场汇率、站点调价比例和活动服务费率等因素的影响，店铺商品价格公式如下：

店铺商品价格 =[（全球商品价格 + 市场汇率 + 站点调价比例）+ 跨境物流成本]÷（1- 佣金费率 – 活动服务费率 – 交易手续费率）

上述公式中，市场汇率是人民币对各个市场货币的汇率；站点调价比例是指同一商品在不同站点的利润率，这里指基于成本的利润率而不是净利润率；跨境物流成本是包含在商品价格中的物流成本，根据全球商品重量系统自动计算，是藏入商品价格的费用，因此也被称为"藏价"；佣金费率是根据卖家上个月的订单交易额自动设置的；交易手续费率是支付给交易清算服务商的手续费，该比例仅用于店铺商品的价格计算；活动服务费率是参加各站点活动额外收取的佣金，若未参加需要收取服务费的平台活动，则填写为 0。

在为商品定价时，可以使用定价模拟器来预估店铺商品的价格，下面来看看如何使用 Shopee 定价模拟器。

实务范例 定价模拟器预估商品价格

进入"跨境卖家自助服务站 – 定价模拟器"页面，根据物流服务类型选择版本，这里默认选择 SLS 版，输入基础信息、单个商品信息和其他信息，如图 6-5 所示。

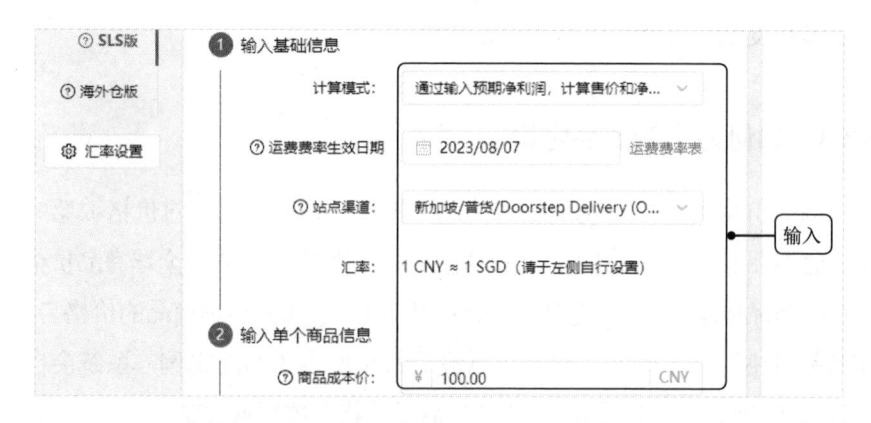

图 6-5　输入信息

单击"计算"按钮，系统自动给出参考结果，可以看到折前售价、商品售价和净利润率等数据，如图 6-6 所示。

图 6-6　查看参考结果

6.4　Shopee 进阶运营指南

对 Shopee 卖家来说，引流是运营的重中之重，而转化是运营的核心，做好这两方面有助于快速提升店铺销售额。

6.4.1　站内流量的提升方法

在 Shopee 平台参与平台活动、做营销推广是提升站内流量的有效方法，Shopee 会定期举行各种促销活动，这些活动会在活动期间展示在 Shopee 首页中。卖家大都知道，首页具有高流量优势，当商品和店铺拥有高流量后，就有机会吸引更多潜在买家。营销推广同样能为店铺获得更多流量，Shopee 也为卖家提供了多种广告营销策略，卖家可通过投放站内广告来引流，从而提高店铺销量。具体内容如下：

（1）Shopee 平台活动

Shopee 平台活动主要分为三种类型，包括商品活动、优惠券活动和

Shopee 限时抢购，这三种活动的特点如下：

商品活动：报名商品活动的商品通常展示在 Shopee 首页或类目页面。活动中的商品也会被打上专属标签，增加商品曝光。

优惠券活动：优惠券会展示在购物前台首页或类目页面的横幅上，以增加优惠券的曝光度和转化率，其折扣形式多样。

Shopee 限时抢购（CFS）：限时抢购活动仅支持部分站点，全称为 curate flash sale，即秒杀活动，能在限定的时间内给买家提供有吸引力的独家优惠。

在报名活动前，卖家要仔细阅读活动详情，了解活动的商店和商品条件，以判断自身适合报名该活动。如果店铺罚分≥3分将无法报名 Shopee 官方活动，因此在店铺日常运营中还要避免违规行为。为有效利用平台活动带来转化，在参与活动时卖家要注意以下三点：

①根据商品来选择合适的活动，如低价商品更适合参与限时抢购活动；热销商品可参与商品活动。

②了解清楚活动的开始日期、结束日期、商品类目、条款及条件、活动细节等，并做好商品规划、店铺装修等活动事宜。

③活动开始前做好备货、库存管理，确认折扣力度、运费等，注意货币单位、汇率，避免不能及时发货、价格填错等造成店铺损失或被冻结。

（2）站内广告

Shopee 站内广告有多种类型，包括关键词广告、关联广告和商店广告，这三种广告类型的广告位置、流量特点和适用场景有所不同。

关键词广告：关键词广告展示在关键词搜索结果页中，是高潜力商品转化流量的主要来源，大部分卖家都可以主投关键词广告，帮助店铺打造爆款商品。

关联广告：关联广告的广告位置在首页每日新发现、商品详情页相似商品和猜你喜欢页面。关联广告涵盖站内具有潜力的转化流量，是一种成本较低、回报较高的广告类型，适合店内具有竞争力的优质商品投放。

商店广告：商店广告位于关键词搜索结果的最上方，更适合有一定品牌知名度的卖家投放。

这三种广告采用 CPC 点击扣费，卖家可以在"中国卖家中心 / 营销中心 /Shopee 广告"页面创建站内广告。在新店成长初期与广告投放初期，建议卖家更多地关注广告的引流增粉效果，然后结合广告数据优化广告效果，不断提高投入产出比。

6.4.2　Shopee 直播聚集买家提升销量

在国内大部分卖家对于直播带货都不陌生，直播为商家提供了更多的营销机会，是一种很重要的引流手段。Shopee 直播在首页拥有专属入口，可帮助卖家聚集潜在买家，提升转化率和销量。在 Shopee 进行直播时，要遵守平台的直播规范，避免表 6-5 中的违规行为。

表 6-5　直播违规行为

违规行为	说明	严重程度
未按排期开直播	预约 Shopee 排期直播，但却未按照指定的时间开始直播	轻度
画面 / 声音异常	技术因素或人为因素，技术因素如黑屏、直播卡顿、声音不清楚等；人为因素如刻意拍摄空画面、长时间显示"直播暂时离开"等	轻度 / 中度
直播内容不当	违反法律或道德风俗；衣着暴露不雅内容；言语不雅或低俗	轻度 / 中度
误导 / 错误的信息	描述与直播内容不符；未经授权使用 Shopee logo；有误导不实的商品信息等	中度
无效内容 / 滥用平台功能	如重复的直播（一景二机）；静态展示、未与观众互动	中度

续上表

违规行为	说明	严重程度
导向 Shopee 以外信息／交易	引导买家到其他平台交易；存在导向 Shopee 以外的信息或交易	重度
不当的商品	宣传／售卖违禁商品或违反 Shopee 上架规范	重度

对于轻度违规行为，平台仅发送警告提示，不会停播；中度违规第一、第二次推送警告提示，第三次违规开始进入直播停权阶段；重度违规直接进入直播停权阶段，其中第一次收回直播权三天，第二次收回直播权七天，第三次永久收回直播权。在直播过程中要注意避免内容不当，卖家切勿违反以下内容规范：

①如使用歧视、攻击性或带有仇恨的言语；使用过于激烈的言语；煽动政治议题；诋毁他人名誉等。

②衣着暴露或涉及不雅内容，如衣着过度清凉、裸露；猥亵的动作或声音等。

③言语不雅或低俗，如脏话粗口；恶心或令人不适的内容。

为保证账户安全和直播效率，卖家可以为主播设置一个仅拥有直播权限的子账号，并对主播进行直播规范培训。在开播前卖家还需要做好以下准备工作，以提升直播转化：

①直播环境布置，根据直播的类型来选择直播场景，布置直播环境，包括灯光、背景、拍摄设备和三脚架等。

②确定直播人员、直播时间、直播内容和活动方式，准备好直播样品和脚本，避免直播过程中出错或遗漏重要内容。

③进行直播预热宣传，通过多种渠道将用户引流到直播间，如在店铺首页进行直播宣传、向店铺粉丝推送直播公告。

直播脚本能帮助梳理直播流程、管理主播说辞，在编写直播脚本时要把直播中的一些要点写下来，表6-6为直播脚本模板。

表6-6 直播脚本模板

直播脚本方案			
直播主题		开播时间	
主播		助播	
直播时长		营销方案	
直播流程		道具准备	
序号	时长	直播内容	画面
1	3分钟	主播自我介绍，调动直播间氛围	主播在镜头介绍自己，说明本次直播的主题
2	10分钟	发放直播福利，介绍活动规则	将活动规则展示在白板上
3	5分钟	介绍1号链接产品优势、功能、特点等	展示产品外观、细节等
4	……	……	……

6.4.3 品牌店铺提高买家信任度

在Shopee平台上建立品牌店铺有助于增强网店曝光，提升知名度，增强消费者的信任感。Shopee为品牌所有者和授权经销商提供了Shopee商城作为销售平台。卖家加入品牌商城后，店铺主页、商品页面等都会自动显示商城标签（如Shopee Mall，Mall），且拥有高曝光的专属位置，如图6-7所示。

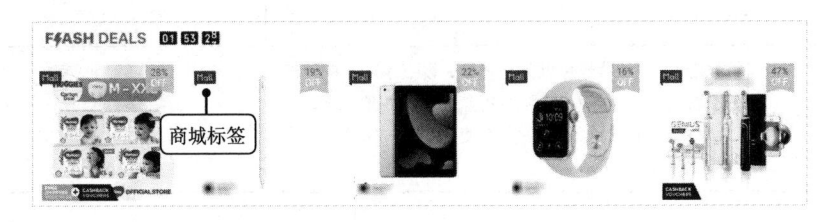

图6-7 品牌商城标签

商城卖家有严格的入驻门槛，以新加坡站点为例，需要满足表 6-7 中的要求。

表 6-7 商城卖家新加坡站点入驻要求

要求	说明
品牌要求	品牌知名度满足其一：①拥有 LazMall 店铺；②拥有天猫旗舰店；③速卖通金牌卖家；④拥有一家品牌来源地的线下实体店；⑤拥有一个商标。 品牌授权证明：营业执照、品牌相关证明（如果是品牌方，只需提供品牌商标注册证明/知识产权证书；如果是经销商，除了商标注册证明/知识产权证书，还需提供品牌授权书）
运营要求	店铺表现：Shopee 平均日单量 ≥ 5。 运营表现：无任何罚分；店铺评分 ≥ 4.6；聊聊回复率 ≥ 70%；支持 15 天退货政策；预售商品占比 <30%；按照商品刊登要求优化商品

上架到 Shopee 商城的商品除了要遵守商品上架规则外，商品图片还需满足表 6-8 的要求。

表 6-8 商城卖家商品图片要求

类别	要求	备注
所有图片	至少要有三张不重复的专业拍摄的图片；商品图片必清晰、颜色逼真，杜绝低像素图片；图片应该只展示商品本身；所有图片都应与产品相关	成人商品必须符合成人商品刊登准则
封面图片	封面图片必须是纯色背景（白色最佳）；产品必须覆盖至少 60% 的图片面积；不允许使用水印，多图片组合，边框，文本或其他图形；商标图案必须位于左上角，且不得超过图片的 10%；图片必须涵盖完整的商品；除了时装、健康、美妆、运动或者户外运动品类外，不允许使用模特；商品需没有包装（特殊情况例外）	如果商品是消耗品（例如食品、婴儿尿布等），商品可以有包装；服装和居家生活品类商品可以用有环境背景的照片
其他图片	非封面图片背景可以为环境等，以展示商品的用途或规模；产品和道具至少覆盖图片面积的 50%；图片允许裁剪或特写；图片允许使用模特；每个图片应显示产品的不同角度	—

第7章
其他跨境电商平台规则与运营

知名的跨境电商平台除了前面介绍的亚马逊、速卖通和 Shopee 外，还有 eBay、Wish 和 TikTok Shop 等，本章就来看看其他跨境电商平台的相关规则和运营实务。

7.1　eBay：线上零售购物平台

eBay 是线上拍卖及购物平台，拍卖是 eBay 的一种交易方式，也是平台卖家常用的销售方式。在这种交易方式下，买家可以在拍卖时间内对商品进行竞价，竞价金额最高的买家即可赢得商品。同时，eBay 也允许卖家通过固定价格方式销售商品。

7.1.1　eBay 卖家账号注册

相比亚马逊、速卖通等平台，eBay 的开店门槛相对较低，个人卖家和企业卖家都可以注册账号。

实务范例　创建 eBay 账号

进入 eBay 网站首页，单击"注册"按钮，在打开的页面中选择账户类型，这里选中"商业"按钮，输入公司名称、电子邮件、密码，选择公司注册地，阅读"用户协议"和"用户隐私权通知"，单击"创建商业账户"按钮，见图 7-1。

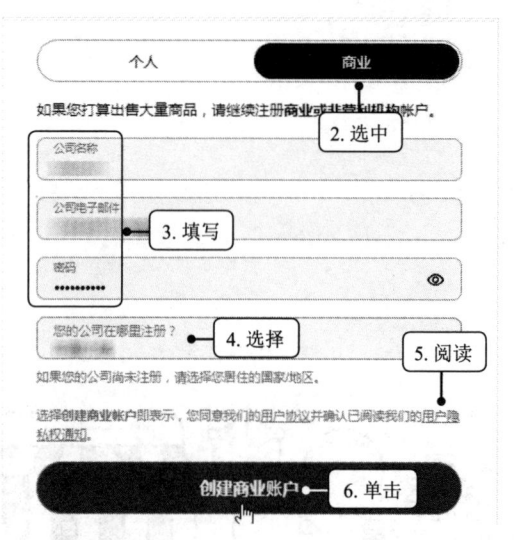

图 7-1　填写账号信息

进入验证页面，输入电子邮件安全码，账号创建成功后可创建用户名或跳过，如图 7-2 所示。

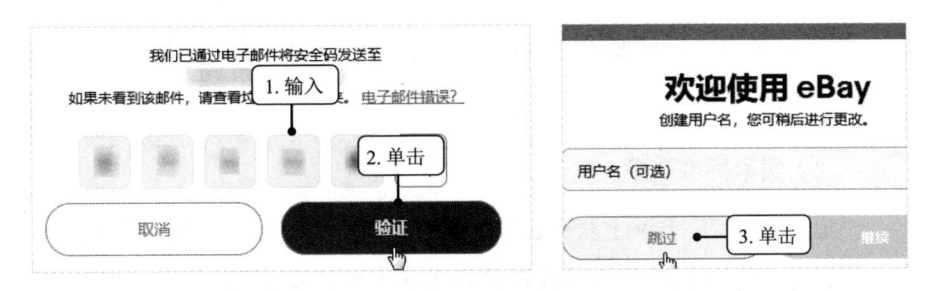

图 7-2 创建账户

登录 eBay 账号后会进入出售账户设定页面，根据页面提示完成 eBay 管理支付注册流程。

7.1.2 eBay 平台运营需遵守的规则

在 eBay 上销售商品需要遵守平台的相关政策，包括销售守则政策、卖家标准政策和规避费用政策等。

（1）销售守则政策

销售守则是卖家出售商品需遵守的基本准则，违反销售守则的行为可能导致账号被限制或终止销售，如以下内容：

①物品刊登应包含退货政策；运送方式、成本和其他信息；交易的条款。预售物品刊登须遵守预售物品刊登政策（若适用）。

②在物品刊登中清楚、准确地注明物品的发货时间，并在注明的处理时间内发货。

③提供准确的物品所在地描述，城市和州或城市和国家/地区应准确匹配。

④物品描述需要指明物品状况，描述清楚物品的任何缺陷或瑕疵。

⑤尽可能提供出色的客户服务，及时回应买家的任何顾虑或问题，以专业的方式进行交流，包括电子邮件。

⑥买家可出于任何原因进行退货，只要退货符合规定的退货要求，就必须履行退货承诺。

（2）卖家标准政策

为确保买家在 eBay 上获得良好的购物体验，eBay 会对卖家表现进行评估。在评估时间段内，所有卖家都必须遵守下列最低表现标准：

①未经卖家解决便关闭的个案数不超过两次（或交易总数的 0.3%）。

②不良交易率不超过交易总数的 2%。

eBay 会在每个月的 20 日根据卖家最近的销售情况评估卖家级别，卖家级别分为优秀评级、合格和不合格：

优秀评级：表示卖家表现超出期望，拥有稳定的销售记录并遵守其他 eBay 政策。

合格：表示卖家的表现达到期望。

不合格：表示卖家表现低于最低标准，因此 eBay 可能会限制账号的出售活动（包括收取更高的成交费），直到卖家表现得到改善。

> **知识扩展** 什么是未经卖家解决便关闭的个案数
>
> 未经卖家解决便关闭的个案数是指卖家未解决买家的问题，并且 eBay 介入审查个案后发现责任在于卖家。

（3）规避费用政策

平台禁止卖家有意或无意规避 eBay 费用，规避费用的示例行为有提议在 eBay 平台外购买或出售物品；要求买家购买更多物品或收取过多运费；链接或宣传是可用于在 eBay 平台外订购物品的网站、物品或目录；提交物品刊登超过两小时后更改刊登天数；在正确类别之外刊登物品；在物品刊登中滥用底价功能；更改物品刊登中的信息以出售其他物品，而不是刊登新物品。

7.1.3　eBay 整体运营思路

打造有吸引力的店铺和产品是 eBay 运营的关键，eBay 的整体运营可从店铺建设、物品刊登和持续优化三方面入手。

（1）店铺建设

eBay 店铺分为入门（starter）、基础（basic）、高级（premium）、超级（anchor）和企业（enterprise）五个级别。不同类型的店铺刊登费和成交费折扣不同，能刊登的物品数量也不同，卖家需要结合自身情况选择合适的店铺类型。名称是展示店铺形象的重要方式，eBay 店铺的命名要注意以下三点：

①开头和结尾必须使用字母或数字，开头不能使用四个或多个连续的字母 A，开头使用字母 e 或 E 时，后面不能跟一个以上数字。

②不能包含字符"<""">"或"@"，名称中的任何位置都不能包含"www"，不能是其他 eBay 会员的用户名。

③不能含有两个或两个以上的连续空格或非字母数字的字符，结尾不能使用在互联网上使用的顶级域名缩写，如".com"".co.uk"".net"等，不能使用与受商标法保护的其他公司名称相同的名称，或足以导致误导的类似名称。

为帮助买家更好地了解店铺，有必要为店铺添加描述，简要介绍店铺品牌以及所售产品。店铺描述不得超过 1 000 个字符，平台会根据店铺访客所在地点，自动翻译为访客的本地语言。

为提升店铺的专业形象，赢得买家的信任，可以为店铺添加商标和广告牌。商标能直接展示企业形象，商标尺寸应至少为 300×300 像素且小于 12MB。广告牌是店铺宣传的工具，同时也能吸引买家的注意力，广告牌会展示在店铺顶部横幅中，可以从品牌价值、店铺定位和新品营销等方面进行广告牌设计。

eBay 还支持添加视频来介绍店铺，视频应采用 MP4 或 MOV 格式，小于 150 MB，且符合 eBay 的图片、视频和文本政策要求。

（2）物品刊登

优质的物品描述能让买家清楚了解产品信息，在 eBay 上出售的商品可以是全新商品，也可以是有一定磨损和破损痕迹的物品。在刊登物品时须诚实、准确地描述物品状况，如全新、未使用、未穿戴过的原包装全新物品；全新没有磨损和破损痕迹，但缺少原包装；二手、以前使用过的物品；完好的翻新物品，为几乎全新的状况，享有一年保修；非常好的翻新物品，有细微磨损，享有一年保修。

在填写物品详情时，有必填字段和选填字段，最好提供尽可能多的详情信息，这样才能确保物品在 eBay 和外部网站上获得好的曝光率。卖家可以选择使用"拍卖"或"定价"形式刊登，具体可结合商品销售模式来确定。

（3）持续优化

持续优化对于店铺运营来说是很重要的，卖家可以结合店铺的实际经营情况以及买家反馈，对店铺、商品、营销、服务等进行优化。在 eBay 平台中卖家可以通过设置订单折扣、优惠券、运费折扣、减价活动和批量购买价格折扣来推广商品，从而提高订单量，促进重复购买。

退货、退款是所有跨境电商都会遇到的问题，如果 eBay 买家在购买物品后要退货，卖家可以根据与买家的沟通情况来选择是否接受退货。但如果物品在送达时已损坏、与物品刊登描述不符，或者买家收到的是错误的物品，为提升买家的满意度，通常需要接受退货。如果买家未收到物品，那么他们有权退款，买家提出退款请求后，卖家有三个工作日的时间解决问题，可在买家问题通知邮件中了解详情，通知邮件可以在"eBay 消息"中找到。

7.2 Wish：移动端的跨境电商平台

Wish 是专注移动端的跨境电商平台，其主要市场在北美地区，消费群体相对比较集中，更便于精准营销。Wish 很注重用户体验，平台的客户满意率和评价较高。

7.2.1 如何在 Wish 上开店入驻

Wish 专注于与高质量的商家合作，目前，平台已暂停了注册制模式，改为邀请制，商家想要在 Wish 开店入驻需要在 Wish 商户平台填写公司相关信息，审核通过后平台会跟进有关入驻 Wish 的相关事宜。

实务范例 在 Wish 商户平台填写公司信息

进入 Wish 商户平台，单击"填写问卷调查"按钮，在打开的页面中填写公司名称、联系方式和主营类目等信息，单击"提交"按钮，如图 7-3 所示。

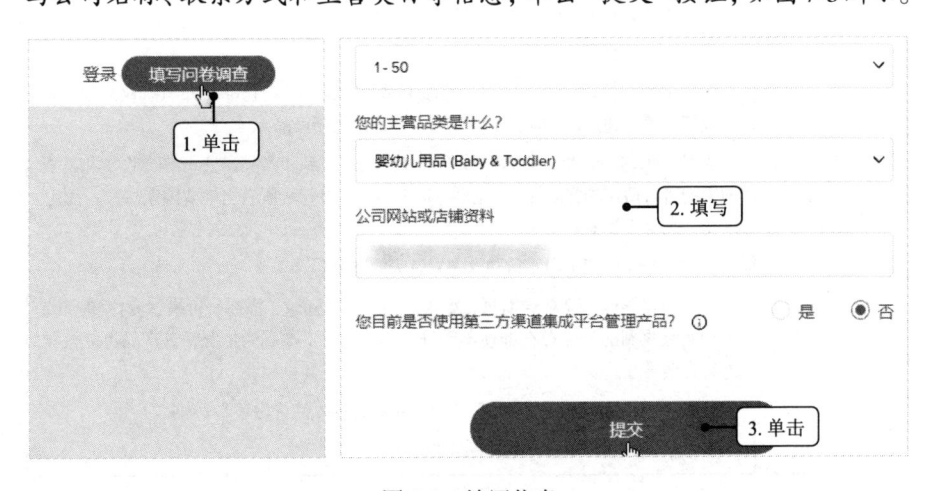

图 7-3 填写信息

7.2.2　Wish 平台的重要规则解析

Wish 商户必须遵守《商户服务条款和协议》，《商户服务条款和协议》的内容较多，卖家可在入驻时详细了解。以下两点准则是每一位商家都需要遵守的。

应始终向 Wish 提供真实准确的信息：商户在 Wish 平台上提供的信息应真实准确。产品详情页也应真实且准确，包括但不限于产品图片、库存和价格。产品图片应该准确描述正在出售的产品；产品描述不应包括与产品图片不符的内容。

商户应确保订单尽快送达用户：用户期望尽快收到订购的产品，商户应当确保用户尽快收到其订购的产品。

每一个跨境电商平台都会对产品上传、知识产权、订单履行、退货退款等制定相关政策，Wish 也不例外。这些政策与店铺的经营管理密切相关，是卖家必须要了解的，具体见表 7-1。

表 7-1　Wish 相关政策

政策	说明
产品上传	①上传产品时提供的信息必须准确。 ②严禁上架重复的产品。 ③如果商户修改产品详情页，修改必须符合禁售品、仿品和知识产权侵权等相关政策，禁止通过修改详情页将现有产品篡改为新产品。 ④禁止销售不合格、有缺陷或不合规商品。产品和产品详情页符合收货和发货地区的所有适用的强制性产品标准和法律要求，且符合所有当地或国家法律、法规，以及产品合规和安全条例。 ⑤同一产品详情页中不得包含差异过大的产品。 ⑥禁止误导性产品和详情页，如果产品图片、标题、描述、价格、变体和 Wish 用户实际收到的产品存在描述不明确、不一致或不准确的情况，该产品可能被视为具有误导性。 ⑦同一产品禁止出现过高价格上涨，不允许操纵性价格策略。 ⑧禁止试图操控用户评论或评分的行为

第7章　其他跨境电商平台规则与运营

续上表

政策	说明
知识产权	①严禁销售仿品或侵犯其他实体的知识产权的产品。产品图片和文本也不得侵犯其他方的知识产权。 ②商户须负责提供产品的销售授权证据，如果产品是仿品或侵犯知识产权，应由商户负责提供销售该产品的授权证据。 ③严禁提供不准确或具有误导性的销售授权证据，如果商户提供错误或误导性的产品销售授权证据，则其账户可能会被冻结
订单履行	①所有订单必须在五个自然日之内履行，如果订单在被释放给商户后的五个自然日内未被履行，该订单将被视为未履行，商户将收到违规警告，订单将自动退款，相关产品可能会被下架，且其 Wish Standards 级别可能受到不利影响。多次违规可能会导致 Wish 冻结或终止商户的账户。 ②符合确认妥投政策的订单必须使用 Wish 认可的能提供尾程物流跟踪信息的物流服务商进行配送。符合"确认妥投政策"的订单必须在订单释放时间起的七个自然日内确认履行，订单须在可履行的 30 个自然日内由可确认妥投的物流服务商确认妥投。 ③订单必须在规定时限内由物流服务商确认履行，金额（商户单品定价 + 单品运费）低于 $100.00 的订单必须在订单释放后 168 小时内确认履行；金额大于或等于 $100.00 的订单必须在订单释放后 336 小时内确认履行。 ④不得使用具有误导性的物流单号履行订单。 ⑤带有"A+ 物流计划订单"（Wish 推出的托管式物流服务）标记的订单必须使用规定的 Wish Post 物流渠道履行
退货规则	符合条件的商户可以针对每个目的国/地区设置退货规则。商户可以从以下退货规则中进行选择： ① Wish 自动审核（默认）：商户将根据 Wish 面向用户的退货和退款政策接受退货。 ②接受 30 天免费退货：对于符合条件的产品，商户在妥投后的 30 个自然日内为用户提供免费退货服务。 ③接受 30 天预付费退货：对于符合条件的产品，在妥投后的 30 个自然日内的退货申请，商户将接受退货并向用户提供预付费物流标签。 ④不接受退货：符合条件的产品不支持退货和退款
退款发放	商户在以下情况下应发放退款： ①已收到用户的退货申请或退回的包裹。 ②已与用户或 Wish 安排退款。 不同的退款类型，商户的退款责任和申诉资格不同，卖家可进入商户平台查看具体的退款责任

7.2.3 提高产品销量的运营策略

对于新手卖家来说 Wish 运营需要一定策略，要提高产品在 Wish 平台上的曝光量和销量，可从以下五方面入手：

（1）正确填写标签

标签（tags）是上传产品时的必填属性，很多新手卖家在填写标签时会随意填写关键词。实际上，Wish 会通过抓取 Tags 标签来匹配产品与潜在买家，所以 Tags 标签要填写准确。Tags 标签可以填写为类目词、产品属性词和修饰词，常见的修饰词有场景词、热点词、关联词等，如户外防晒服，其中户外就属于修饰词。

Tags 标签应用逗号分隔，但不要在单个标签中使用逗号，每个产品最多可添加 10 个标签，如果添加的标签超过 10 个，产品将无法上传。

（2）优化产品图

大多数用户使用 Wish 都以移动端为主，手机屏幕小，图片占据了浏览页的核心位置，显得格外醒目。所以，只有做好产品图的美化才能吸引买家眼球，图 7-4 为 Wish 移动端页面。

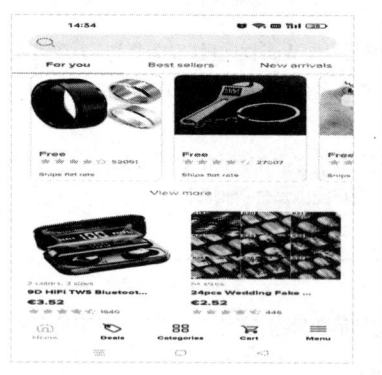

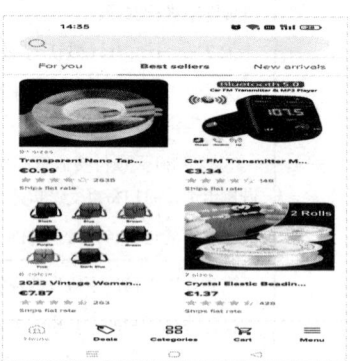

图 7-4 Wish 移动端页面

在添加新产品时可以上传主图和辅图，除此之外，商家还可以选择一张干净图片,该图片会出现在外部购物搜索页面中,能帮助增加来自外部网站或广告平台的销量和曝光量。主图和辅图应尽量选择能凸显产品特点且清晰、高质量的图片。为产品外部搜索选择的图片,应是能够轻松辨别所售商品的图片,有以下图片设计建议:

①格式为 JPEG,WebP,PNG,GIF,BMP 和 TIFF。

②提交高分辨率、全尺寸图像,推荐的图像大小至少为 800×800 像素。

③不要放大图像或使用缩略图,图片上不要有水印和徽标覆盖。

④删除图像周围的任何边框,使产品占据整个图像不少于 75%,但不超过 90%。

⑤以清晰、准确的方式展示产品,便于买家查看和理解其用途。

⑥使用纯白色、透明、灰色或浅色背景,使产品脱颖而出。

(3)配送全球

Wish 平台上的订单超过一半来自美国以外的用户,为获得其他国家和地区用户的订单,商家可以将商品配送范围扩大到特定目的国/地区乃至全球。Wish 为商家提供了两种配送方式,卖家可从"仅配送至美国"或"配送至选定国家/地区"中任选其一。卖家可在商户平台"账户/配送设置"页面设置店铺的配送目的国/地区。

(4)使用 ProductBoost

ProductBoost 是 Wish 平台的一款广告工具,有助于产品从众多产品中脱颖而出,从而增加销量。对于新奇独特的产品品类,ProductBoost 可将产品推送给 Wish 的全球用户,从而将流量转化为销量。

ProductBoost 产品会展示在 Wish 网页版/移动应用的搜索结果页、"相关产品"标签页以及其他位置。加入 ProductBoost 是免费的,ProductBoost 按点击付费,卖家可以根据营销预算来确定投入金额。为使产品点击率最大化，建议首次投放 ProductBoost 的产品至少在活动中放置 28 天，以便于系统学习和了解该产品并确定最佳投放位置。

（5）使用促销工具

促销是能够帮助提高产品销量和买家留存率的重要工具，Wish 支持特价、限时促销和主题活动三种促销类型：

特价：商户可对符合条件的产品设置促销折扣（降价 5%～80%），活动持续 7～21 个自然日。

限时促销：商户可对符合条件的产品设置促销折扣（降价 15%～80%），活动持续 12 个小时。

主题活动：商户可为符合条件的产品设置促销折扣（降价 15% 或以上），以参加 Wish 主题促销活动。

产品必须满足促销活动的资格和要求才能参加促销，符合条件的商家可以访问商户促销平台，在"促销/商户促销平台"创建促销活动。不符合条件的商家在商户平台的导航栏中将不会看到"促销"选项。

7.3　TikTok Shop：创新型电商平台

TikTok 是国际版的短视频社交平台，近年来已成为全球最受欢迎的应用之一，拥有广泛的海外用户。TikTok 也提供有电商平台，即 TikTok Shop，商家、品牌或达人能通过短视频、直播等方式实现商品的跨境销售。

7.3.1　入驻 TikTok 电商的条件

目前，TikTok 已经上线了英国、美国、马来西亚、菲律宾、新加坡等市场。以英国为例，要成为 TikTok 卖家，需要满足以下条件：

- 拥有合法的企业营业执照，需要注意，卖家的营业执照需覆盖商家所售商品类目的经营活动。
- 产品符合当地出口要求和平台治理需求，如针对英国的产品，应符合 TikTok Shop 英国禁售商品规则以及 UK TikTok Shop 跨境限售商品规则。

在入驻 TikTok 时需要提供相关入驻材料，同样以英国为例，普通商家和定邀商家入驻时提供的材料有一定区别，见表 7-2。

表 7-2 入驻 TikTok 电商需要的材料

商家类型	所需材料
普通商家	①公司营业执照原件照片（正本副本均可）。 ②法人证件。 ③全网唯一的手机号码。 ④全网唯一的邮箱地址。 ⑤发货和退货仓联系人、手机号码。 ⑥英国退货仓地址，联系人和地址（可选，用于用户退货退款场景）
定邀商家	①公司营业执照原件照片（正本副本均可） ②法人证件。 ③全网唯一的手机号码。 ④全网唯一的邮箱地址。 ⑤邀请码。 ⑥发货和退货仓联系人、手机号码。 ⑦英国退货仓地址，联系人和地址（可选，用于用户退货退款场景）

满足条件的商家可通过 TikTok Shop 跨境官网入驻，没有 TikTok Shop 或 TikTok For Business 账号的商家需注册账号后再进行店铺入驻。

实务范例 注册成为 TikTok Shop 跨境卖家

进入 TikTok Shop 官网，输入手机号码、手机验证码、邮箱地址、邮箱验证码、密码，仔细阅读 TikTok Shop 商家服务协议，单击"注册"按钮，如图 7-5 所示。

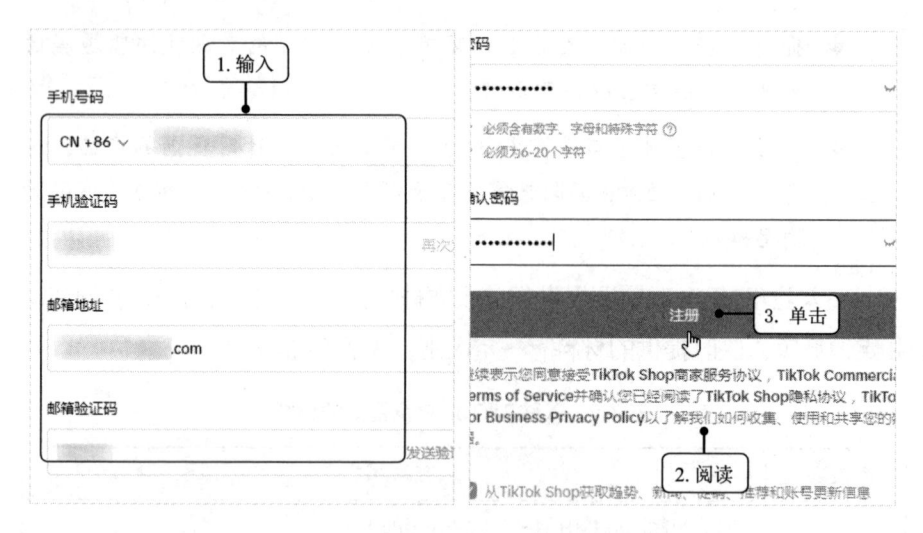

图 7-5　注册 TikTok Shop 账号

注册成功后点击"开始入驻"按钮，在打开的页面中选择市场和入驻方式，如图 7-6 所示。

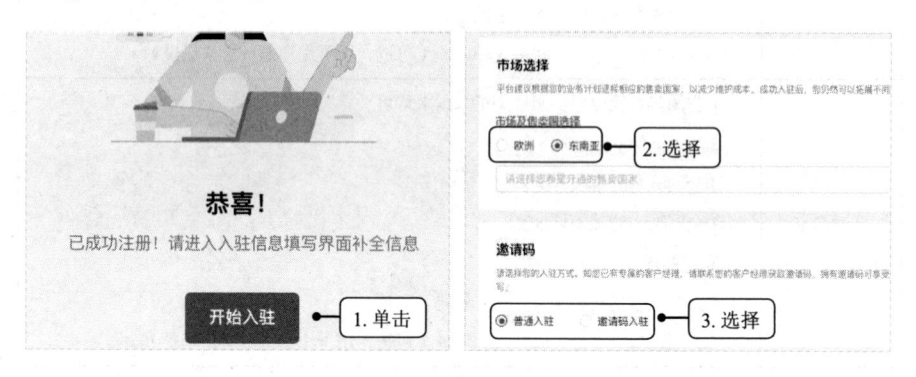

图 7-6　开始入驻

完成以上步骤后填写公司主体所在地，然后根据页面提示上传入驻所需的相关材料，如营业执照、法人证件等。完成资料提交后，需填写企业信息，注意，店铺名称需是英文且全网唯一。在入驻时，需要根据自身实际情况选择合适的主营类目。填写发货仓库及联系人时，国内商家手机号码对应区号为"+86"。完成信息填写后等待平台审核，如果店铺入驻申请被拒绝，可通过审核邮件查看原因，按要求重新提交审核。另外，选择的市场不同，所需提供的材料也会有一定差别，具体以页面要求为准。

7.3.2　TikTok 平台开店规则

在 TikTok 平台入驻成为跨境卖家时，要提供真实准确的信息和文件，若提交的文件为无效文件，或者提供的信息有误，那么入驻申请会被拒，具体要注意以下几点：

①所提交的文件必须有效。任何身份证明或商业登记的副本必须真实有效，并得到政府授权机构的认可。

②卖家必须确保，在 TikTok Shop 的整个运营周期内，所上传的文件必须真实有效。同时，卖家必须确保所有文件在申请期间不会过期。

③如果营业执照或公司注册到期、吊销、终止或有出现任何其他变动，卖家必须通知 TikTok Shop。

④对于个人账户，卖家身份证上的全名必须与在 TikTok Shop 上注册时使用的全名相同。

⑤对于法人实体，公司代表的名称必须与营业执照或公司注册文件上的法定名称一致。

⑥卖方提供的身份证号必须准确无误。

在上传文件时，需保证上传的文件清晰易读，若扫描图像应保证画面清晰、非黑白照片。在开店时需要创建 TikTok Shop 店铺名称，店铺名称同样需要符合平台规则。TikTok 的店铺名称必须准确代表申请人的业务，不能超过 40 个字符。

店铺名称不能包含非法信息；任何不恰当的政治语言或其他可能引发误解、偏见、争议或对消费者产生负面影响的信息；任何攻击或煽动针对个人或群体的仇恨言论或内容。注意，店铺名称要使用 TikTok 支持的当地市场官方语言，店铺名称不能提及"TikTok"，也不能使用比较性或夸大性描述的字眼，如"更好""最好"等。任何外部联系方式或网站不能出现在店铺名称中，不要在店铺名称中使用文本字符串、特殊字符。

7.3.3　做好运营提升店铺带货量

与其他跨境电商平台不同的是，TikTok是一个短视频社交平台，因此，TikTok的运营需要考虑内容的产出。短视频是TikTok账号积累粉丝量和带货的重要方式，优质的短视频更容易获得曝光，从而促进商品销售。优质的短视频要满足以下要素：

画质清晰：视频的画质如果不清晰会大大影响观感，拍摄的视频内容应保证画质清晰，曝光正常。

不要遮挡关键信息：为了帮助观众更好地理解视频所传递的信息，在短视频中通常都会添加字幕，视频中的字幕尽量不要遮挡关键内容，比如品牌信息、产品细节等。

内容讲解清晰：在视频中介绍商品时，讲解人需外语流利，保证吐字清晰，背景音乐的声音不宜过大，以避免盖过人声。商品讲解的内容要真实，可从多方面介绍产品卖点，以吸引潜在消费者。

在TikTok平台上，直播带货是非常重要的一种电商形式。卖家可以通过视频直播的方式展示和推销商品，消费者则可以在直播间直接购买商品。直播带货的质量会直接影响产品的销售量，直播带货有以下运营要点：

选对产品：应选择有热销潜力的产品作为直播带货的商品，可结合当地的市场需求、粉丝群体兴趣偏好来选品，以保证直播间提供的产品满足粉丝的需求。

做好准备：为保证直播的质量，在直播前应提前做好准备，包括制订直播计划、做直播预告、确定商品、直播环境布置、调试直播设备等。

营造氛围：在直播过程中主播要积极地与观众互动，以营造良好的直播氛围，可以在直播间设置有奖互动、才艺展示等活动，以活跃气氛，同时也让观众停留更长时间。在互动过程中要实时关注观众的反馈，把控好直播的节奏和内容。

对于跨境卖家来说，营销活动是提高品牌知名度、促进销售的重要手段。卖家需要把握好当地市场的关键促销节日，比如黑色星期五、圣诞节等购物节，并借助营销工具来提升大促期间的产品销量。TikTok 为跨境卖家提供了多样化的营销工具，如秒杀、折扣、包邮活动等，卖家可以结合自身营销规划来选择合适的工具。

为提升关键促销节日的流量，在大促开始前，最好提前做好预热工作，包括发布大促信息短视频内容、做竞价推广、发布话题挑战活动等。同时做好直播运营，提前布置好直播间场景、做好选品备货、主播的排班规划等，以便大促来临时能更好地承接涌入的流量，从而将流量转化为销量。

为提升产品的曝光和关注度，还可以与有影响力的达人合作，借助达人来帮助店铺高效完成带货。跨境卖家可以在"商家中心/达人广场"页面筛选符合条件的达人，也可以在"商家中心"新建推广计划，等待达人主动联系，如图 7-7 为 TikTok Shop 商家中心。

图 7-7　TikTok Shop 商家中心